天津旧事丛书

老天津名人轶事

天津出版传媒集团

天津人民出版社

由国庆 著

图书在版编目(CIP)数据

老天津名人轶事 / 由国庆著. —— 天津：
天津人民出版社, 2023.7
（天津旧事丛书）
ISBN 978-7-201-19548-3

Ⅰ.①老… Ⅱ.①由… Ⅲ.①名人-生平事迹-天津
Ⅳ.①K820.821

中国国家版本馆 CIP 数据核字(2023)第 117403 号

老天津名人轶事
LAO TIANJIN MINGREN YISHI

出　　版	天津人民出版社	
出 版 人	刘　庆	
地　　址	天津市和平区西康路 35 号康岳大厦	
邮政编码	300051	
邮购电话	(022)23332469	
电子信箱	reader@tjrmcbs.com	

策划编辑	韩玉霞
责任编辑	李佩俊
美术编辑	汤　磊

印　　刷	天津海顺印业包装有限公司
经　　销	新华书店
开　　本	710 毫米×1000 毫米　1/16
印　　张	11.25
插　　页	3
字　　数	100 千字
版次印次	2023 年 7 月第 1 版　2023 年 7 月第 1 次印刷
定　　价	78.00 元

序言

　　"老天津"这三个字,不仅是时间加地域的概念,更是浸润着情感的历史叙事和文化认知,就像"老北京""老西安""老苏州""老上海"一样。天津人民出版社出版老天津系列读物"天津旧事丛书"有些年了,书目品种已上两位数。其中,出自由国庆先生手笔的,分别是讲风俗、讲美食、讲游戏,及至这册《老天津名人轶事》,已是第四本。再三再四,于作者可见底子厚、写作勤,于出版社则必有社会效益、经济效益方面的考量。读者反映如何? 过去的,有佳绩;这一本也被看好。

　　说起天津与名人,首推闻名退迩的"五大道",那里是小洋楼建筑集中的街区,非常美,那里也是名人故居集聚的地方,名人故事很多,历史文化积淀丰厚。

　　一座富有影响力的名城,往往与众多历史文化名人相依存。道理不言而喻,城是人建,由人管理,城市为人提供生活空间和命运舞台。人们在这空间、这舞台劳力劳心,或求安身立命,或求出人头地,或求利人利己,或求施展抱负,或者囊括更多,无论凡夫英才都有体验的——在大事小情上求得个心想事成的快活感。就这样,一代代人以求生存、求实现自我价值的方式,推着城市向前走,也为名城之名涂着色彩画着纹章。一个时代又一个时代,默默无闻的人们撑起城市时空,同时也托举起、映衬出那些或卓然不群、或开创建树、或造福一方、或特立独行,甚至因个色特别而获得身前身后之名的各种人物。

　　天津是座历史文化名城。襟河带海的地理优势,南北运河的枢纽

1

之要,海运漕运的命脉所系,长芦税盐的产销集散,使得直沽寨、海津镇、天津卫一路发展,清代改州设府快速升格;更由于京畿海门、九国租界,在中国近代化的进程中,成为影响全国的洋务重镇,成为清末新政的活跃地区;进入民国,1928年成为国民政府直辖的特别市……历史上,这座城市风云际会,风气先开而助力人才的成长,吸引人才的聚合,为各种人物提供实现梦想、展现才华的广阔舞台。名人的活动和影响,又不断地为名城之名增加厚度。

名人与名城的互动,他们的天津故事,是这本书要讲给读者的。当然,作者不是为他笔下的这些人物立传,因此少有生平概述,通常是选取某个生活侧面,如徐世昌在小站作《练兵歌》,黎元洪钟情津门西餐,侯宝林难忘沽上美食,梁启超观菊展赋诗,还有张爱玲在天津的童年,陆辛农为天后宫画速写,王垿给谦祥益书匾额,等等,集腋成裘,给人五光十色之感。这样的逸闻也是珍闻,既可助谈资,又堪为文史研究的材料。

整理这些名人轶事,在故纸间爬梳剔抉,需要心有灵犀,有眼光,需要有极大的阅读量,实非一朝一夕之功。由此,这数十篇文章之所得,不妨以六个字来概括——有心人,恒心事。

讲好天津故事,这是一个文本,一个面向广大读者的文本。

是为序。

吴裕成
壬寅季冬三九于沽上三登斋

2

目　录

1

文艺气象

文教兴邦

张伯苓：创办南开女中

天津私立南开女子中学是近代教育家严修于 1923 年创办的，其前身是严氏女塾。清光绪二十八年（1902），严修开办严氏女塾，初期，入学的学生主要是严氏亲属。到了光绪三十一年（1905），严氏女塾扩大为严氏女学，分为初小（四年）、高小（三年）两部分。学习的课程除了国文、英文、日文、算术等，还有劳作（缝纫、纺纱、织布、织毛巾等）、唱歌等。当时，在初小和高小都有名师任教，而且还聘请了日籍教师川本讲授日语、音乐，山口讲授手工艺，野崎讲授劳作等。到了 1919 年，严氏女学又增设中学班。

张伯苓

南开女子中学的创办还与另一位近代教育家张伯苓密不可分。

张伯苓素来关注女子教育。严氏女塾开设后，张伯苓就任教于此，教授算术、英文等课。光绪三十一年（1905），张伯苓又担任了严氏保姆讲习所的教师。1915 年 11 月，张伯苓短期代理直隶女子师范学校校长一职。

1919 年 9 月，为改变天津女学不兴的局面，严修决定在自家创办女子中学，请张伯苓全权处理学校事务，使张伯苓积累了有关女子中学的教学经验和管理方法。

1923 年春天，天津各女子小学校毕业生数十人，联名给张伯苓写了一封请愿信，要求张伯苓添设一所女子中学。在信中，她们明确提出，女子不应只受师范教育和贤妻良母教育，应有与男子共同受教育的机会，可以直接升入高一等的学校继续深造。学生们还提出理由：女子教育同男子教育同样重要；天津缺少适当的女中学；南开大学既然已经迁到八里台新校舍，那么原址就可充做女中校舍，这样就不用再费钱另建了；关于教师事宜，男中的教职员可在男、女中两部同时兼任。

在信寄出两三个星期后，女孩子们收到了张伯苓的亲笔回信，请她们选派代表到南开中学校长室进行正式商谈。于是，王毅蘅、陈学荣、王文田三个女孩子怀着忐忑不安的心情来到南开中学，受到了张伯苓的热情接待。

王文田在《张伯苓与南开》一文中回忆道：我们三人走进办公室内，看见办公桌前，坐着一位魁伟壮健、体格高大的长者，抬头看见我们三个小孩子进来，即刻站起来，满面和蔼慈祥，他诚恳亲切地用手指着旁边的几把椅子对我们说："好，好，你们坐下谈。"张伯苓诚恳地对她们保证："我看见你们给我的信，你们有这种勇气，我很高兴！我一定答应你们办女子中学。不过大学部的原址，另有用途，我一定想别的办法就是了。"

不久，张伯苓成立了女子中学组织委员会，随后开始选定校舍、募集资金。

1923年9月，由严修、张伯苓、言仲远等人捐资，在距离南开中学东约一里远的六德里租用了几间民房，暂时当女中校舍，改建为南开女子中学。学校开设初一、初二两个年级，每个年级招生一班，共有学生78人。

如南开中学一样，南开女中建校

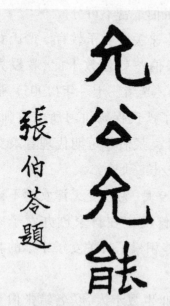

张伯苓书"允公允能"

4

伊始就注重校风建设,校董严修亲自书写《容止格言》,将中国传统文化与学校教育实际相结合,要求每个学生用以约束自己的仪表和言行。学校同样以"允公允能,日新月异"为校训,并以《衣镜铭》为学生仪容举止的规范。

据《南开周刊》第 79 期载,1923 年 12 月,张伯苓几次在公开场合强调建立女子中学的必要性和重要性。他说:"成立女中,即为提高一般女子之人格。中国现今社会中,每谈及妇女参政、社交公开诸问题,然吾以为妇女之知识倘能提高,则其能力、人格自亦因之而增高,其他枝叶问题自均易解决矣。"

两年之后,南开女中的报考人数激增,原来租用的校舍开始不敷应用,因此张伯苓又多方求助和募捐,用募得的 2 万多元,在南开中学南楼南端购地 10 余亩,开始兴建女中校舍。1926 年 3 月,新校舍竣工,女中学生迁入上课。此时,女中设置也有所变

张伯苓与女学生

化。除初一、二年级外,又增添初三年级,每年级各有甲、乙两班。为满足即将毕业的初中女学生提出的添设高中部的合理请求,张伯苓还添设高中一年级,并分成文科班和理科班,文科开设政治、经济、商法等课程,与男中同班上课,理科班的实验课程与男中共用理化实验室。至此,女中总共有 8 个班级,200 多名学生。

张伯苓经常对女中学生灌输进步思想,希望通过女性对丈夫与家庭的襄辅作用,来直接或间接影响男性国民为国家和民族效劳。一次在南开女中的毕业典礼上,面对即将走入社会的女学生,张伯苓诚挚地提出建议:"你们将来结婚,相夫教子,要襄助丈夫为公为国,不要要求丈夫升官发财。男人升官发财以后,第一个看着不顺眼的人就是他的原配太太。"

1946年《南开高中》创刊号

1937年7月,南开中学女中部校舍遭日寇飞机轰炸,但是南开人没有屈服,他们克服重重困难,辗转入川,在重庆又树起了南开学校的旗帜。抗战胜利后,南开中学女部于1946年迁到现天津市和平区甘肃路校址。

1949年1月天津解放,杨坚白继张伯苓之后任南开校务委员会主任。1952年12月,南开女中改为市立第七女子中学。1958年女七中更名为天津医科大学附属中学,1962年恢复南开女中之名,1966年学校更名为东方红中学。

改革开放以后,学校的教育教学事业得以恢复和发展,被定为市级重点中学。随着改革开放的深入发展和国际交往的需要,学校在1985年正式更名为第二南开中学。

李叔同：心系母校写校歌

清光绪六年(1880)，李叔同出生于天津粮店后街陆家竖胡同2号，后迁居粮店后街62号，在这里愉快度过了青少年时代。粮店后街位于旧三岔河口以南，连通天津港、海河、运河，南来北往的漕船、粮船云集，是北方重要的商贸码头与粮食集散地，并形成了繁盛的粮栈集聚之地。另外，粮店后街内还有乾隆二十六年(1761)兴建的山西会馆。此处的繁荣景象，在清人所绘的《潞河督运图》中有充分展现。后来，为了储运装卸方便，各家粮栈纷纷开了门面，进而形成粮店前街、后街。

粮店后街62号就在山西会馆斜对面，是一处占地1400平方米的宏大宅院。据李叔同孙女李丽娟回忆称："前院为三合院，有北、东、西房各三间，北房后边是一个小后院，只有三间灰土房，东、西各有一小厦子，前院墙下磨石抱角，房上有1米左右高的女儿墙，院内有一棵大树，老宅的不远处就是原北运河的河身(1918年河身裁弯取直后改为东河沿大街)，顺河往东是金钟河，沿河是一片树林。"

李叔同早年就读于老城西北角文昌宫辅仁书院。"辅仁"语出《论语》曾子曰："君子以文会友，以友辅仁。"辅仁书院创设于

李叔同自日本回到天津后，几次在德义楼饭店(日租界)与严修、林墨青雅聚。远端为四面钟大楼

乾隆年间,后来的文昌宫民族小学即发祥于此。据林子青编著《弘一法师年谱》记载,宣统二年(1910)李叔同自日本学成归来,专门为母校撰写了校歌并亲自谱曲,歌中唱道:"文昌在天,文明之光。地灵人杰,校士场;初学根本,实且强;精神腾跃,成文章。君不见,七十二沽水源远流长。"

修复后的李叔同天津故居

李叔同在天津打下了文学与艺术的基础,结交了名师益友,天津是他人生的起点、艺术生涯的基石。1912年,李叔同离津赴沪。

春去秋来,岁月如流,游子伤漂泊。回忆儿时,家居嬉戏,光景宛如昨。茅屋三椽,老梅一树,树底迷藏捉。高枝啼鸟,小川游鱼,曾把闲情托。儿时欢乐,斯乐不可作。儿时欢乐,斯乐不可作。

1921年李叔同在上海写下了《忆儿时》这首歌,表达了他对故乡深深的眷恋。

凌福彭：倾心工艺学堂

　　凌福彭，原名凌福添，字仲桓，号润台，广东番禺县金鼎乡（现广州黄埔深井）人。凌福彭自幼勤学苦读，精词章，爱书画，在清光绪十一年（1885）成为乙酉科拔贡。此后，凌福彭入张之洞幕府，历任户部七品小京官、主事、郎中。光绪二十六年（1900）十月，凌福彭回到北京，即被补授天津府知府，因天津被八国联军控制，一直未能上任。光绪二十八年（1902）八月，凌福彭随直隶总督、北洋大臣袁世凯前往八国联军的都统衙门办理交接手续，收回天津管理权，并正式就任天津知府职。

　　直隶工艺总局是北洋新政的重要内容之一，光绪二十九年（1903）九月开办，局址初在草厂庵，后迁至玉皇阁。总局成立后，创办了初、高等工业学堂、劝工陈列所、教育品制造所、实习工场、劝业铁工厂、种植园、官纸厂、劝业会场，北京第一、第二小学堂工场，附设有夜课补习所、仪器讲演会、工商研究所、工商演说会等。凌福彭负责北洋工艺学堂的许多具体事务，为此付出了大量心血。

　　光绪二十八年冬，袁世凯委令凌福彭拟定工艺学堂章程，筹办学堂。凌福彭接受任务后，聘请日本工学士藤井恒久

凌福彭

为总教习，拟定《工艺学堂详订暂行章程》。光绪二十九年（1903）二

月，袁世凯批准了凌福彭关于开办工艺学堂的暂行章程及经费的禀文，禀文称："现已将草厂庵旧有房屋一面赶紧修葺，一面招考学生30名。"凌福彭还申请了开办经费36000两、常年经费每年23000两。在创办北洋工艺学堂的过程中，凌福彭亲自选址，勘验地形，动迁民房，并亲临考场招录学生。

北洋工艺学堂创办之初，计划招收学生30名，要求考生年龄在15岁以上至22岁以下，通晓文理，有一定的英文基础，天资聪颖，身家清白，体质强健。当时应考者达二三百人，考试科目包括汉文、汉文译英文、英文等。汉文主要是论文写作，题目为《化学为制造之本》。汉文译英文、英文也是与化学相关的命题。整个招考过程，学生须过三关，非常严格。考试当天，凌福彭亲自主考。

光绪二十九年三月十九日，工艺学堂正式开学，校址位于草厂庵（1908年迁址河北窑洼）。学堂教务长为藤井恒久，庶务长为赵元礼，教员有徐田、孙凤藻等人。当时，全国只有国立大学堂3所，高等学堂近10所，北洋工艺学堂便是其一。

工艺学堂后陆续招生百余名，报考条件还要求考生汉文通达，学习英文、算学或日本语言文字二三年，另外，对有专长的考生可以特招。学堂以培养工业人才为宗旨，要求毕业学生能胜任教习、工师之职。学堂根据学生情况，因材施教，注重讲授理法和实验，一般3年毕业。工艺学堂为20世纪初兴起的天津近代工业培养了大量人才。工艺学堂改为直隶公立工业专门学校。1928年，改称河北省立工业专门学校。1929年5月，成为河北省立工业学院。1952年，河北省立工业学院与北洋大学、津沽大学、南开大学工科合并，组成了天津大学。

卢木斋:刻刊《天演论》启发民智

卢木斋(卢靖),字勉之,湖北沔阳人,出身世代寒儒,早年科场失意,但喜好、擅长数学,经过刻苦自学,于光绪九年(1883)27岁时写成《火器真诀释例》一书,因此受到湖北巡抚彭祖贤的嘉许,被聘到书院主讲算学。光绪十一年(1885)考举人,监考学使以"朴学异才"为由向清朝政府保奏,使他得到知县的官职,并得到直隶总督李鸿章的重用。李鸿章非常器重卢木斋在数学方面的才华,请他到天津武备学堂担任算学总教习,后来的段祺瑞、冯国璋、王士珍等北洋将领都与他有师生之谊……

刻刊《天演论》

甲午战争的失败激发了严复翻译《天演论》的决心,其初稿大致完成于清光绪二十一年(1895)的初春。同年3月间,陕西的味经售书处速速初印了《天演论》,然属未经严复审校的版本。

光绪六年(1880),严复从福州船政学堂调任到天津北洋水师学堂任总教习。卢木斋正是在此后与严复相识的,彼此往来密切。光绪二十二年(1896),卢木斋调任河北丰润县令,不久,他看到了严复翻译的《天演论》,被深深感染,当即决定刻版刊行。当时,卢木斋的弟弟卢慎之(卢弼)正在家乡湖北沔阳书院读书,卢木斋将《天演论》译稿邮寄给其弟来全权办理,精心操持。这部稿子是经严复修改校订过的,并加写了自序、译者例言,以及吴汝纶的序。光绪二十四年(1898)六月,卢木斋与其弟卢慎之刻印刊行的《天演论》问世。成为最完善的刻本。该书问世后,国内各地皆以此为标准相继翻印,如光绪三十一年(1905)，据此版的《天演论》由商务印书馆正式出版，发行量更大。

《天演论》迅速成为中国近代"物竞天择，适者生存"思想学说之源。王国维在光绪三十年（1904）的《论近年之学术界》中称："近七八年前，侯官严氏所译之赫胥黎《天演论》出，一新世人之耳目……是以后，达尔文、斯宾塞之名腾于众人之口，'物竞天择'之语见于通俗之文。"《天演论》的影响从城市到乡镇，被广泛传播。比如胡适在读书时，老师让学生买《天演论》当读本，要学生以"物竞天择，适者生存"为题写作文。胡适曾说："这种题目自然不是我们十几岁的小孩能发挥的，但说明读《天演论》已成为那个时代的风气。"

《天演论》还影响到月份牌广告画的创作。大致是1915年前后，在上海诞生了一幅重要的月份牌画——中国广告擦笔画技法创始人郑曼陀创作了《女子读〈天演论〉》图，在美术界产生了不小的影响，更打开了时装美女月份牌广告画的崭新空间。

不遗余力大兴教育

光绪二十九年（1903），卢木斋出任直隶学务处督办兼保定大学堂监督，光绪三十一年（1905），他率领代表团赴日本考察学务，次年

南开大学木斋图书馆开工仪式

任直隶提学使。在任期间,先后办蒙养院,建立天津、保定、奉天图书馆,兴办师范、法政、农、工、商、医、美术、水产等专科学堂数十所。宣统二年(1910),直隶总督陈夔龙报请为积极捐建直隶省城图书馆的卢木斋进行嘉奖。此时卢木斋已调任奉天提学使。

辛亥革命后,卢木斋离开官场回到天津,专心经营实业,兴办教育。他认为:"救国之危,化民之愚,惟普及教育之一策。"于光绪三十四年(1908)在自家宅邸创办了中国早期的幼儿园——蒙养园,1916年又开办了卢氏小学,1932年又用自己的宅院创办了木斋学校。

1927年,卢木斋捐款10万元兴建南开大学图书馆(木斋图书馆),并捐书10万余卷。当时,卢木斋已74岁高龄,仍多次到建筑工地督察。1928年10月17日,美观、坚固、实用的图书馆落成启用,1929年,南开大学专门立碑建亭以示纪念,碑文标题为

木斋图书馆落成仪式

《木斋图书馆记》。1929年11月20日,南京国民政府教育部蒋梦麟签发了"甲字第十九号"奖状,对卢木斋"捐资建筑私立南开大学图书馆房舍合计银十万元,照捐资兴学褒奖条例之规定,特授予一等奖状"。1930年1月25日,天津《北洋画报》刊登了卢木斋捐建南开大学图书馆获嘉奖的新闻,同时配发了卢木斋照片、南开大学图书馆外景照片等。

在卢木斋慷慨捐建图书馆的义举带动下,又有天津藏书家李典臣、严范孙、李组绅等,先后向木斋图书馆捐赠各自的藏书累计十万

卷之多，更加丰富了馆藏，极大满足了南开师生的阅读需求。

　　1937年7月29日，南开大学遭到日本飞机轰炸，木斋图书馆、秀山堂、学生宿舍等建筑物惨遭炸毁。次日余烬未熄，日军再次纵火破坏，图书和仪器设备均被劫掠。新中国成立后的1951年秋天，木斋图书馆在原址修复，建筑面积为3030平方米，继续做图书馆使用，仍称"木斋图书馆"。1958年，南开大学新图书馆建成投入使用，木斋图书馆改为学校办公楼。

徐肃静：贤母教育家

近代天津有一位杰出的女教育家，她倡新风，兴女学，无愧于孙中山先生所题的"民国贤母"之辞。她就是徐肃静。

祖籍天津武清梅厂的徐肃静，清道光二十一年(1841)生于津北宜兴埠的名门望族之家，她自青少年时代便秉承家学，习读经史子集，品格出众。23岁那年，徐肃静与同乡温联琇(时任山东登州总兵)结为夫妻，后生育世华、世霖、世铭、世珍、世勋等五男二女。为使孩子们早日成才，夫妻二人较早即创立了温氏家塾。

光绪九年(1883)岁末，法国侵略越南并进犯中国东南沿海，战争爆发。光绪十一年(1885)五月，清政府命李鸿章与法国代表在天津谈判，相继签订了多个丧权辱国的不平等条约，中国西南门户由此洞开。不久，中国在甲午战争中失败。这一切无不让徐肃静愤懑难平，她深刻意识到，若要强国必先造就人才。于是，她率先让自己的儿子温世霖、温世珍进入北洋水师学堂，让温世铭进入北洋机器厂，鼓励他们学以致用，立志报国。接下来，徐肃静便走上了发展教育、兴办女学的艰辛之路。

徐肃静主张妇女也应享有受教育的权利，但传统私塾是不收女生的，于是她在家中辅导女儿、儿媳读书，并于光绪二十六年(1900)始在宜兴埠相继开办了佩贞女子学堂、女子职业学校、幼儿园等，开创了近代天津新式女子教育的先河。

光绪三十一年(1905)，为普及教育理念，施惠更多学子，温氏一家迁居天津东门里经司胡同。在教育家严修的支持下，徐肃静倾力协助儿子温世霖与友人，在不远处的二道街荣家胡同创办了私立普育女子学堂，所需经费皆为自家承担，并力排非议亲任校长。当年，她已经64岁的年纪，仍在为兴办教育而不遗余力。

徐肃静在校内组织起妇女救国演说团，并提倡女子放足，宣传新思想。周日，她常常带队到城厢繁华路段开展演说，鼓励新风，痛陈时弊，学校由此更加有名。后来，学校几次迁址，陆续扩大班次，添设蒙养园，开办分校，设立妇女劳动技能补习班等，培养了一批又一批优秀学生。

一生勤勉爱国的徐肃静于1919年7月辞世，其后，孙中山被这位津门女教育家的事迹所感动，特题匾"民国贤母"予以褒扬。1934年，学堂变更为普育女子初级中学，1946年改称私立普育女子中学，"普育"的校名传承至今。

宋棐卿：开设毛织编织班

笔者曾见到一帧1937年东亚毛织公司编织班女学员的毕业照，以及同时期该公司编辑的《方舟》月刊，与笔者收存的该班当时的招生广告珠联璧合。东亚公司开设编织班的初衷，实为民族实业家宋棐卿在商言商，且提倡以教育、以技能促进生活进步的美好意愿。

1931年九一八事变后，宋棐卿洞察国货畅销的市场机遇，迅速组建了东亚毛呢纺织股份公司，并于1932年投产抵羊牌毛线。当时，毛线与毛衣毛裤在中国尚属新生事物，尤其在北方更为少见。促销，成为公司起步发展的首要任务，于是，报刊、电台、游行、广告牌、霓虹灯、影院幻灯等五花八门的宣传形式铺天盖地，收效很大。但一般女子不会毛线编织又成为公司毛线营销的制约，于是，东亚毛织公司编织技术传授班应运而生。

该招生广告显示，这个女子编织班最初是以该厂编织科招生的名义发布的简章，开班地点设在意租界十五号路(即五马路，今自由道)西口东亚公司院内。编织班旨在"传习各国毛线最新编织花样方法，利用国产新式手织机促进家庭工艺"。编织班免费授课，每天上、下午各两小时，讲解棒针、钩针、手织针

东亚毛纺公司的民众教育班

等多种技法。上课所用毛衣机需学员自行购买，当时，这种便捷机器的价格是大洋3元左右，公司内及各毛线代售点都有发售。学手艺需毛线，东亚公司就此特别推出一种"练习票"方便学员。练习票一本10张，每张面值2.5角。学员每次上课，教师会在一张练习票上加盖印章，凭此票(代金券)可在华北地区任一经销处以优价换购抵羊牌毛线。每次持票购买需在1磅(约0.9斤)以上，但同次用票不得超过两张。

广告显示，编织班每月一期，向学员颁发毕业证书。后来，随着学员的增多与技艺的提高，又分成了高级班和初级班，最盛时每期学员多达百余人。除了基本技术外，编织班还经常组织同学改良国外最新图样，创新时髦的图案。同时，女子们一边学本领，一边还会阅读该公司自1932年推出的《方舟》家政生活月刊，因为上面不仅有文化消闲的内容，还有更多新款毛衣样式的美图。

编织班坚持了十几年，后在全国其他一些大城市也有开设，高手辈出。东亚公司在广告中郑重向学员承诺，凡成绩优异者可推荐到各地分班担任教员，也可为愿意组建家庭编织社的人士介绍销路。

编织班的开设，对提高女子职业技能、服务民众生活大有益处，同时我们也不难看出，东亚公司这种营销广告，其效果也确实异常显著。随着编织术的扩散与传播，消费群体日趋扩大，毛线销量不断攀升，重要的是编织班学员更成为口口相传的营销宣传队。

抵羊牌毛线老广告

陈祝龄:创办旅津广东中学

陈祝龄是广东高要人,出生在一个落第秀才之家,父亲陈辑庭屡试不第,在乡间当了一名教书先生,一家人勉强度日。清光绪六年(1880),10岁的陈祝龄随姐夫北上天津,他勤学苦读,以优异的成绩考入了天津商业学堂,毕业后经黄云溪介绍,进入天津怡和洋行当侍应生。由于陈祝龄精通英语,为人又敦厚朴实,无论是英商经理或中方买办都对他格外赏识。陈祝龄从侍应生到练习生、职员、账房负责人,不断进步。

逐渐发迹后的陈祝龄对教育格外重视,他对于兴学助教的善事总是乐于解囊,在居津广东商人中也非常有号召力。光绪二十九年(1903),在天津广东会馆的筹建中,陈祝龄积极响应,不仅捐出大量银两,还出任了会馆董事长一职。

宣统元年(1909),怡和洋行成立出口部,黄云溪的好友梁炎卿力荐陈祝龄任出口部的买办。梁、陈二人密切合作,成为生意场上的最佳搭档。第一次世界大战期间,欧洲市场对猪鬃、羊毛、棉花、大豆和油脂等原料的需求大增,怡和洋行的出口业务迅速增加,陈祝龄、梁炎卿也赚取了大量金钱。

后来,天津聚集了越来越多的广东商人,但他们的子女教育问题亟待解决。1920年夏,在陈祝龄的提议下,他与麦次尹等人一起,借广东会馆为校址开办了一所半私塾式的小学。因广东同乡大多寓居英法租界的原因,校方于1921年又在法租界26号路(今滨江道与陕西路交口)购地3亩,修建了新的校舍。其中,麦次尹捐资购地,陈祝龄捐资盖楼。次年元月,一座具有法国建筑风格的二层楼校舍落成,成为包括中学、小学两部的私立旅津广东学校。陈祝龄任校董,学校的礼堂称祝龄堂。学校不分省籍进行招生,若是广东同乡中经济有困难的人还可享受免交学费的优待。广东学校的校训为:勤勉、自立、尚公、爱群。

另据广东高要地区文史资料记载,1915年广东发生大水灾,广东商人在天津募捐,陈祝龄捐银元5万元作为赈济专款,深得孙中山大元帅的嘉许,亲笔书赠"乐善好施"四个大字。

学校建成开学后,关于校长的人选问题,陈祝龄物色到自己的一位亲戚,他叫吴远基(1877—1958)。吴远基出身书香门第,为前清拔贡,曾任曲周县知事,辛亥革命后从事工商业,在天津谋生多年。广东学校建成时,吴远基还在家乡高要县,于是陈祝龄写信诚聘他来津办学,并担任校长。吴远基欣然同意。首任校长吴远基努力地工作,且处处以南开中学为蓝本,并亲自到南开中学向张伯苓校长求教。

1929年10月31日清晨,陈祝龄遭绑匪绑架并不幸遇害。此后,吴远基也回到广东(1955年,在南开大学担任教授的吴远基的次子吴大任把父亲接到天津,1958年吴远基因心脏病在津去世)。

1932年,学校董事会又聘请广东四会西沙乡人罗光道(1894—1946)担任校长。罗光道是一位有强烈爱国思想、热心办教育的人。1933年,学校分为中学和小学两校,中学部开始招收女生。1937年秋,中学校又增设了高中部,设立了理化实验室,并大量购置理化仪器设备,成为当时天津教学设备较为完善的一所完全中学。

七七事变后,日本侵略军占领了天津,罗光道对日伪政权采取不合作态度,抗拒日伪教育厅发出的亲日指令,不组织学生参加日伪当局所谓的义务劳动,不规定学生穿"协和服"等,并利用课堂和集会讲话的机会,痛斥日本侵华罪行,激发了学生的抗日爱国热情。

1938年,学校再度置地建设女校校舍(今山西路),并实行男女分校授课。1940年,第一届高中生毕业。1944年11月,日伪教育局取消了该校,解散了校董事会。1945年日本投降后,罗光道复任校长。

这所学校也有着悠久的革命传统。

1949年1月天津解放时,广东中学有中、小学两部,男、女两校,在校学生很多。1952年12月,学校由私立改为公立,更名为天津市第十九中学。1956年7月,学校迁址到和平区河北路。2006年,学校被天津市教委批准为天津市首批历史名校。

夏景如:殚精竭虑为"圣功"

民国初年,天津大兴办学新风。1914年6月28日,"圣功学堂"由天主教会创办,在法租界义庆里(今国际商场一带)租校舍招生开学,又名"圣功女学校",大家推举教友英实夫的夫人英怀清担任校长。

"圣功"二字取自《易经》中"蒙以养正,圣功也"之句。圣功学堂的校训为"温、良、恭、俭"。

此后不久的1915年,英怀清校长因家务繁忙辞职,校董事会推举夏景如继任校长。同年秋,该校迁到海大道(今大沽路)美以美会旧址。1916年,学校募集了资金自建校舍,地点在法租界26号路(原滨江道劝业场小学旧址)。1917年,高小第一届学生毕业,同时,小学内附设了师范班。1921年秋,学校的课程设置与各项设备均已完善,上报直隶教育厅核准立案,学校的基础从此得到巩固。

1929年,学校在英租界44号路(今河北路)黄家花园附近租校

夏景如与师生在一起

舍,改师范班为中学部,中学部定名为"私立圣功女子中学校",有学生80人,编为高中2个班,初中1个班,小学仍在原来的法租界26号路。至1930年6月,第一届高中学生毕业。1933年,校方在法租界26号路的校址内增建了楼房,扩大教室。新楼建成后,中学部迁回,高中实行单轨制,初中实行双轨制,总共有9个班。小学部则迁往法租界35号路(今山西路)。

夏景如是山东寿光人,在天津北洋女师范学堂毕业后,曾任青岛一女子中学教员、校长,创办青岛私立圣功女子中学、小学。1914年,夏景如因青岛战事而到天津避乱,正赶上筹建圣功学校,于是协同筹划。

夏景如信仰天主教,但从未在师生中传过教。她的古汉语知识渊博,喜好古典诗词,尤其喜爱郑板桥的诗画。她还擅长讲《论语》《孟子》,讲起来非常生动。

夏校长办事严谨,对教职员、学生要求十分严格,甚至有些严厉。张绍祖在《夏景如与圣功女学》一文中讲述:学校各班教室的屋门上都设有小窗户。上课时,夏校长经常在过道巡视,透过小窗口观察老师讲课与学生听课的情况。发现教师教学上有不认真之处,立即批评,进而申斥;发现学生上课不注意听讲,下课立即找来训斥。当时在"圣功"教书的老师都是小心翼翼,教不好课随时都有可能被解聘;学生则更怕校长,好比老鼠怕猫一样。夏校长对工勤人员要求更严,校舍打扫不干净要罚站。

她对别人要求严,对自己要求也很严格。她虽是缠足,但每天清

1941年12月圣功女子中学新校舍落成(初中一年甲组)纪念

晨要去检查晨操。她一心办教育,终身不嫁。在她的影响下,该校不少女教师也终身不嫁,个别人结婚也很晚。夏校长对师生要求虽严,但也很关心人,特别是对该校毕业留校的老师。抗战前,她曾两次利用假期在北平颐和园租房子,组织教师携带家属分批分期去休假,每人半个月。比如,顾训言老师的父母病故了,夏校长亲自带领学生去吊唁。年轻女教师订婚或结婚,她则以证婚人身份出席。

夏景如校长高瞻远瞩,为了能长久为国家培育栋梁人才,她审时度势,凭借天主教会学校的背景,于1936年初征得董事会的同意,聘请天津教区的"圣母无染原罪修女会"来参与管理学校日常事务。

1937年天津沦陷,南开女子中学等遭到日军轰炸,部分学生转到圣功女中读书。至1939年前后,圣功中学部(初中、高中)的学生达550余名,小学部学生有300余名,导致教室非常紧张。夏景如积极筹划扩建校舍,同时也希望学校教育教学与欧美先进水平接轨,于是又从欧洲聘请了一批德国籍修女来津从教。1940年秋,经圣功董事会商议决定,委托修女文克彬担任中学部校务长,夏景如则腾出更多精力专注小学的发展。

凌叔华：天津的少年记忆

早年就读于(天津)直隶第一女子师范学校的凌叔华，原名瑞棠，祖籍广东番禺，出生在北京。凌家本名门望族。凌叔华的祖父凌朝庚，乃番禺巨富。凌叔华的父亲凌福彭(字仲桓)青年时代就颇具才情，清光绪十九年(1893)中举人，光绪二十一年(1895)中进士，此后仕途一路腾达，历任清廷户部主事兼军机章京、天津府知府、保定府知府、天津道长芦盐运使、顺天府府尹、直隶布政使等。辛亥革命后，凌福彭任北洋政府政治讨论会副会长、约法会议议员、参政院参政等。

凌叔华的生母李若兰也通文墨，是凌福彭的三夫人，生有4个女儿，凌叔华排行老三。凌福彭先后娶过4房太太，儿女共15个，凌叔华大排行第十，小时候人们爱称她"小十"。

受书香之家的熏陶，凌叔华很早就喜欢上了画画，6岁的时候，她就常常在花园里的白墙上用木炭画山水、花卉、人物，深得往来文人墨客的赏识。后来，凌叔华拜女画师缪嘉蕙、山水兰竹画家王竹林等名家为师(王竹林是清宫画师，受慈禧钟爱)，齐白石、陈半丁也时常对凌叔华加以指点。在学画的同时，凌叔华还跟康有为学习书法。在古典诗词和英文方面，凌叔华得到了当时被誉为文艺怪杰的辜鸿铭的教诲。无论绘画还是文学，凌叔华皆深获

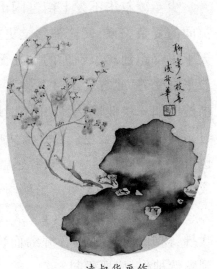

凌叔华画作

坚实基础,学问日日精进。

据陈学勇编《凌叔华年表》载,约于 1909 年,9 岁的凌叔华随父亲旅居日本近两年。凌叔华在《古韵》中也称"京都两年快乐的日子像一首短歌猝然结束了"。

漫忆天津之秋

宣统二年(1910)初,随着凌福彭任直隶布政使到天津履新,凌叔华全家也客居海河之畔。当时,北洋新政下的天津,以大经路(今中山路)为核心的河北新区正在开发建设。据作家出版社 2008 年 1 月版《秀韵天成凌叔华》一书中载,凌家就在新辟的昆纬路上,与天津新车站(今北站)近在咫尺,她常常能听到火车的汽笛声……

说到天津,凌叔华回忆:"那时爸妈住在天津,我们也到了那里。天津是中国北方的商业中心,漫步街头,西式或土洋结合的简陋店铺比比皆是, 都是那些只为发财的野心勃勃的建筑师建造的。店铺后面,烟囱林立,喷云吐雾,给整个城市罩上一层浓浓的黑烟。海河水也是肮脏污浊。清早或黄昏,都能听到工厂招工或开除工人的可怕吆喝声。每家工厂都有人吆喝,声音难听极了,令人烦躁不安。"

少年凌叔华不爱上街逛闹市,但待在家里又觉寂寞,加之家庭成员间的复杂关系,使这种感觉更加重了一层,"我真的很孤独,几乎每天下午都跑到离家不远的几处无名墓地去玩"。像飞出的笼中鸟,凌叔华享受着"北方的十月",她看到"阳光依然明媚,天空湛蓝澄澈,清晰透明如一块玻璃。天空中不时飘动着羽毛状的白云,时而还有鹰飞过,翅膀染成了金色。它在蓝天中搏击给我的印象极深……"凌叔华也喜欢天津的秋景, 并颇有感触:"街道两旁的树木早被一场早寒染成了黄色和淡绿色。第一场秋雨过后,柳树、橡树的叶子开始飘落。路另一侧有一株老树,还长着猩红的树叶,享受阳光的最后温暖。晚风吹拂,树叶摇曳,那声音缠绵而忧伤,足令一位充满激情的作曲家感到黯然神伤,战栗颤抖。"

其实，凌叔华觉得那片墓地并没什么意思，但在玩的过程中结识的小伙伴们倒是有趣，许多年后还"栩栩如生地留在记忆里"。

凌叔华清楚记得一个女孩讲的她家姐姐的故事。那个女孩说，她姐姐曾侍候过一位富家老爷，老爷送给她姐姐一双外国的高跟鞋，不料被太太发现了，便辞了她姐姐，可她姐姐却不明白是什么意思。后来，因周围人好奇加之怂恿，她姐姐颤颤巍巍地第一次穿上了那双鞋子，但没走几步就把脚崴了。女孩的爸爸把鞋扔到河里，她姐姐为此哭了一整天，因为姐姐羡慕那些穿高跟鞋在街上扭来扭去的大小姐，并说如果不把鞋找回来，就不出门了。凌叔华还记得，讲这故事时有两个小女孩也踮起脚模仿穿高跟鞋走路的样子，大家全被逗乐了。

凌叔华和伙伴们经常玩游戏，比如扔石子、跳栏、开火车等。凌叔华喜欢玩开火车的游戏，她回忆道："每人都是一节车厢，一个接一个站好，互相抱着腰，开起来像一条长蛇。我喜欢当最后一节。大点的男孩假装火车司机，一小男孩骑在他背上当烟囱。他一喊火车开了，我们就在墓地转起来，爬过一座座坟头，好像翻过山峦。然后火车缓缓驶到一片空地，那儿有个大女孩假装站长。她一吹哨，火车就停下来。"

家庭的文化熏陶，让凌叔华较早就知道一些西方故事，她也愿意讲给玩伴听，并觉得他们好像都听懂了。"我们有时还玩上课的游戏，我教他们认些简单的字，并由此赢得了他们的尊敬。我真为能教人识字而骄傲，沉浸在极大的快乐之中。"

凌叔华觉得，与这些天津孩子的接触，让她看到了穷人的困苦生活。然而虽然困苦，但那些小伙伴却依然乐观。他们才几岁，已经开始谋生，每天去铁路边捡煤渣，帮家里减轻负担。他们不知道烧鸡的滋味，当挣出一顿好饭或一个玩具时，便无比快乐。他们脏兮兮的外表更凸显他们内心的纯净。凌叔华还曾遇到过一个悲惨的老妇人，再看看警察等人对老妇人的态度，让凌叔华意识到"世界上有些东西比死亡更可怕"。

入读名校后脱颖而出

喜忧参半的天津生活荏苒飞逝，转眼间到了 1919 年，此时的凌叔华已如出水芙蓉一般。这一年，凌叔华直接参加了直隶第一女子师范学校三年级的考试，并顺利通过。《秀韵天成凌叔华》中记述："那一年，叔华母亲找到一位毕业于北洋女子师范学堂的老师，来辅导叔华的入学考试。恰在这时叔华的姐姐瑞梅也从广东老家回来了，也想得到老师的辅导。当这位老师得知她俩已学过古文、数学和中国历史，便决定让她们直接参加三年级入学考试。经过几个月的补习，她俩终于通过了三年级的入学考试，插班到四年级就读。"

直隶第一女子师范学校原称"北洋女师范学堂"，光绪三十三年(1906)中期由近代教育家傅增湘创办，文坛奇才吕碧城担任首任校长。学校位于天津河北三马路三才里(1910 年迁天纬路)，是我国创建最早的公立女子师范学校。1916 年 1 月至 1928 年 9 月称"直隶第一女子师范学校"，名师众多。

叔华和姐姐正式穿上了校服，那是淡蓝色的上衣，黑色短裙，再配上一双黑鞋子，她们的发辫梳到耳后，显得非常漂亮。叔华对着镜子左照右照，兴奋地对妈妈说："我们终于长大了。"

厚积薄发，凌叔华以超众的文采迅速脱颖而出，作文经常在校刊上发表，引起全校师生的瞩目。入学不久，五四运动爆发，凌叔华与同学们投入到运动中，组织游行、演讲，热情高涨。因凌叔华的文字水平高，被推选为学生会的秘书，有不少演说稿、标语都出自她手。

大致在 1920 年的时候，有两个在日商工厂做工的工人因参加罢工而惨遭厂主杀害，学生们为之愤慨，纷纷走上街头宣传抵制日货。回到学校，凌叔华按语文老师张先生的布置，写下了以当时事件为内容的作文。张老师很快将凌叔华的文章送到天津的一家报社，不久便刊发了。当老师把报纸交给凌叔华时对她说，上面有你的名字，等你有一天成了作家，就更会珍惜这篇东西。江苏文艺出版社 2012 年 3

月出版的《凌叔华传:一个中国闺秀的野心与激情》一书中写道:"张先生对学生运动非常热心,帮他们制定游行活动计划,修改演讲稿和请愿信,把他们的作文送到报社发表——凌叔华第一次得以公开发表的那篇作文也正是由他送去的。"

随着五四运动的持续,有些人希望学校废除文言;有些人认为儒家学说会禁锢思想,应该抛弃;还有些人提出中国应全面学习西方。但张老师有自己的主见,很看好凌叔华,特别送给她一本《庄子》。通过对《庄子》的认真阅读与思考,凌叔华觉得读《庄子》与参加五四运动并不矛盾,她也由此变得更加平和冷静起来,这对凌叔华日后在文学创作上形成不急不徐、从容自然、淡泊雅然、秀而不丽,既不张扬亦不凄婉的风格起到了重要影响。

与邓颖超的深厚情谊

凌叔华的同窗有邓颖超、郭隆真、张若茗、蒋云、梁岫尘等,以及比她低一年级的许广平。凌叔华与郭隆真一起讨论过《庄子》,为庄子这样的哲学家感到自豪。她曾这样评价郭隆真:"她对班里岁数小的同学,像待妹妹一样亲切和蔼……郭隆真非常爱国,是那时的思想先驱之一,随时准备拯救中国,牺牲自己。"凌叔华还为许广平、蒋云主编

凌叔华

的天津女界爱国同志会会刊《醒世周刊》撰稿。凌叔华很喜欢南开新剧,与觉悟社成员也有过合作,比如,凌叔华与吴瑞燕等人曾自告奋勇,几天时间内就写好了《木兰从军》《伊滕博文》等话剧剧本。

凌叔华与邓颖超这位非凡的女性也结下了深厚的情谊。

凌叔华后来多年旅居海外,但心中依然深爱着祖国,迷恋着中华

的传统文化,早年的天津生活也像不曾离断的风筝线一样,牵着她的思绪。据 2009 年 6 月 17 日《人民政协报》所刊赵炜撰写的《邓颖超与凌叔华:历经半个多世纪的同窗之谊——我所经历的邓大姐与凌叔华的几次交往》一文介绍,1978 年,时任全国人大常委会副委员长的邓颖超大姐工作繁忙,这时,她在英国的老同学凌叔华来信,表示准备到北京来,希望能同邓颖超见面。邓颖超得知情况后,对赵炜说:"我要见见她。凌叔华是我在天津女师时的同学,她比我高一班,在校时在学习上是个出类拔萃的人物。人长得也很清秀,温文尔雅。后来她成为了作家和画家。我们几十年没有来往也没有见过面了,我只知道她在解放前出国了,后来得知她去了英国,算来现在也有七十多岁了。"

　　1978 年 6 月 19 日,凌叔华到京的第二天,邓颖超在人民大会堂南门二楼的一个小会客室里与凌叔华见了面。赵炜文称:"邓大姐等候在门口,凌叔华进来的时候,两个老同学久久地握着手,很长时间没有松开……"邓颖超、凌叔华相互谈起了年轻时在天津读书的情景,往事历历在目,宛如昨日。

郭尧庭：在书局独当一面

1935年，一家名叫诚文信的书局在天津大胡同锅店街开业，主营古今书籍、名人法帖、文具纸张、印刷油墨等，生意做得风生水起。

诚文信字号的创始人刘作信是山东招远孟格庄人，他早年在胶州成文堂书局当伙计，据《招远文化志·大事记》载："光绪元年(1875)，刘作信与南方巨商在潍县(今潍坊)合伙开设诚文信书局。"后来其家族又在各地办分号，业务飞速发展。其中，刘作信三子刘子善(重先)于1915年在辽宁安东(今丹东)所办的诚文信书局更为兴盛，且始开当地印刷业先河。

1926年，刘氏同乡郭尧庭(招远大董家村人)到安东诚文信当学徒，他聪明勤奋，逐渐成为独当一面的业务能手。自1932年3月至1945年8月，日本侵略者在我国东北地区建立伪满洲国，实行殖民统治。1934年，为避开日寇的经济管制，进一步开拓市场，诚文信委派郭尧庭到天津搞推销，并筹建分店。1935年，天津诚文信德记书局开业。字号名称不乏内涵，以"诚文"谐音"成文"，一可寓"成就文化"之意，二是表明诚信乃经商宗旨，三是用刘作信名字中的"信"字。诚文信恪守诺言，表里如一，真挚待客，很快在天津这个大码头打开局面。

诚文信注重传统文化的传播，他们选择一些版本好的经、

诚文信出版的《手工讲义》

史、子、集，以及童蒙读物、工具书等，经悉心编校、印刷、发行，一条龙式经营，如陆续出版了《论语集注》《白话句解幼学琼林》《双音对改山西杂字》《绘图日用杂字》《国音字典》《手工讲义》《绘图增注历史三字经》《绘图增注百家姓》《儿童现代尺牍》等。出版字帖也是诚文信的特色之一，如经折本《王右军草诀百韵歌》《柳公权玄秘塔碑》《陆润庠西湖风景记》等。诚文信书籍字清墨黑，装帧大方，广受读者欢迎。

为了丰富学子生活，诚文信编辑出版过《现代儿童歌选》，编辑部在序言中称："方今文化昌明，科学进步，而莘莘学子，若终日伏案研究，不免脑筋为之疲乏，心神为之厌倦，势须择以怡情悦性之道，而辅助之，如是则唱歌一科尚焉……本集采选中外音乐专家词曲，精印成帙，学者得于课罢之暇，奏之歌之，庶可以陶情淑性也欤……"

当时，通俗小说颇有市场，诚文信出版过《芙蓉花下死》《摩登女郎》《金钱罪恶》等，也翻印过张恨水的《啼笑姻缘》《金粉世家》《欢喜冤家》，以及刘云若的《春风回梦记》《红杏出墙记》等畅销书。鼎盛时期的天津诚文信与天津各大出版商，乃至上海的商务印书馆、中华书局、世界书局，都有一定的业务往来。

在诚文信所售的文具中，日本进口算盘俏销，书局配合印行《袖珍珠算课本》等相关辅导书，连带互促。另外，诚文信在后来购置印刷设备，在津开办印刷厂，曾大量印制彩色点心笺，业务广涉周边省市。

值得一提的是，主持诚文信书局业务的郭尧庭奋发图强，爱国情深，20世纪40年代初，他潜心研制蜡笔、复写纸、书写墨水等，希望早日结束洋货对我国市场的垄断。1945年，可与洋墨水媲美的鸵鸟牌墨水研制成功，迅速畅销大江南北，进而享誉世界。

鸵鸟牌墨水 1958 年的广告

张中行:执教南开中学

青年时代的张中行

国学大师张中行被誉为20世纪末"未名湖畔三雅士"之一,其他二人为季羡林和金克木。1935年张中行从北京大学毕业,时年26岁,后经胡适推荐来到天津南开中学任职国文教师,教授初中两个班和高中一个班。

认真批阅作文

笔者收藏有一册南开中学学生李建衡1936年秋季的作文簿,当时他在初级三年五组。按照学校的规定,作文是用毛笔小楷书写的,用的是南开中学消费合作社特制的"南开中学作文簿",传统而规范,竖排红格熟宣纸线装,高24厘米,宽14厘米,40面,每面120字格。从当年9月5日至11月25日,大致是隔周习文一次,共计8篇。开篇的两页目次所录的作文题目是:《街衢风光》《明月之夜》《自修班上》《国庆纪念日》《父》《祖母》《故乡》和《班超小传》。每篇习作均经教师悉心批改,其中特别引人注目的是国学大师张中行留下的笔迹。

读罢作文可知,少时的李建衡是个喜欢安静的学生,最怕无谓的吵扰。面对当年天津城市生活的繁华和熙攘,他在《街衢风光》中写道:"闹,没有一时静,这是街衢上唯一的特征。你看吧:商店里伙计和主顾正争价格的高下哩,洋车夫和坐车者吵闹哩,警察先生大呼小叫哩。这一切都是街衢上一幕幕的好戏。"作文还生动描写了入秋时街头广告的一处细节:北风乍起,一些商店纷纷挂起大板子画(广告招贴),"上面画着赤裸着的大腿,旁边的一行字是:'天气凉了,女士们,你们不需要丝袜?'"也许李建衡并不喜欢这些,但在文字中仍客观地认为,此乃街市风光最主要的一点,如果没有这些,就不知道是居住在城市中了。

老师的批改与评点对学生的进步起着举足轻重的作用,张中行老师的笔迹当然更为难得了。张中行的国文课既严谨又活泼,他以博学之识除讲授课本之外,还融会贯通、随心所欲地谈及各个方面。在李建衡的作文中也可见这一点。

《明月之夜》一文篇后,先有巩思文老师的朱批:"感觉锐敏,文笔转折亦多,倘能勤苦读书,努力写作,前途真是无量。勉之,勉之!"随后,张中行也看到了此文和批语,或许有什么前缘,或许"勉"字让他想起什么,他用铅笔着力先写了"应为'夏丏尊'"几个大字,并在"丏"字下特别标了圈点。进而又记到:"记得在黑板上有同学写了'斯文扫地',把第一字影射巩老师,因为他特将'夏丏尊'写错。"不仅如此,在《街衢风光》一文后还可见张老师的铅笔签名:"张中行(仲缘)"。

张中行于 1936 年夏秋之交离开南开中学,到异地继续从教,这应是在批阅过这次作文后不久。因为《明月之夜》成文于 9 月 16 日,巩老师改定于 9 月 23 日。张中行在南开中学任教虽只有一年,但对包括黄宗江(剧作家)等许多同学的影响颇深。先生亲笔批阅的南开中学作文能完好流传至今,实为天津文化教育史上的一段佳话。

得解"斯文扫地"之谜

李建衡的作文、张中行老师的笔迹反映了多层面的信息。但李建衡是何许人?尤其是那"丏"字的故事,一直是个未解之谜。

2007 年 1 月,南开中学校友、历史学家李世瑜撰《学生开除老师》,是李先生就笔者发表的一段相关文字而写下的回忆,其中解释了"斯文扫地"之谜。

李世瑜是1934年考入南开中学的,当年叫李士泽。文中称"我就在由文(指笔者文章)中说的1936年秋季初级三年五组,李建衡和我同年级同组。我还记得李建衡的形象,中等个子,很有才气。读书不少,喜欢说笑,同学都爱跟他逗,给他起了个外号叫'小耳朵'。"

关于"丐"字及其故事的发生,李世瑜恰在现场。在一节国文课上,巩思文老师讲授夏丏尊的散文,过程中把"夏丏尊"误读成"夏丐尊"。李世瑜回忆:"李建衡给巩老师纠正,巩老师不承认读错,说就是夏丐尊。第二天上语文课时巩老师拿来一本书,书上有篇文章果然印着'夏丐尊',巩老师还叫大家传阅,建衡说这本书印错了,把'丏'印成了'丐'。第二天,建衡拿来一本夏丏尊的著作当证据,面对证据巩老师很尴尬……"

随即,此事闹大,巩老师被校方开除,换了张中行执教。这样一来,也就有了张老师在批语中提及的"斯文扫地"的事。"斯文"又暗指"思文"。其实,巩思文老师曾在南开大学任职,水平并不低,但南开中学是全国名牌,正如李世瑜所言:"南开就是这样,不管多大的来头,不合格就开除。"

《津沽旧事》中的美食记忆

在南开教书的张中行,对天津饮食有着深刻而美好的记忆。原本嫌费力不愿吃蟹的张先生,禁不住天津炒全蟹的美味,破例而食,没想到成为"可惜平生只此一次"的经久记忆,这是他在《津沽旧事》中的感慨。

张中行记得学校教师食堂的菜品花样不少,质量不错,最喜欢吃的是烧茄子,一盘价1角或1角2分。有一段趣闻让张中行记忆犹新,学校食堂可以点菜并指定做法。一次,当时已有小名气的何其芳点了素炒白菜,食堂的师傅转身要为他炒菜之时,何其芳忽然又加了一句:"加一点肉丝。"

张中行的亲友曾带他在官银号的一家小饭铺吃过"清炒虾仁"，虾仁是活虾现剥出来的，肉甜饱满。他回忆那味道极为鲜美，价格也低廉，以至于晚年的张先生再与朋友聚会时，经常反对要虾仁吃，因为他认为与天津早年的"开卷第一回"相比，现在的炒虾仁，口感差而价钱高，很不划算。天津"清炒虾仁"就这样让张中行回味了几十年。

天津大街上的包子铺到处都是，最著名的当然是"狗不理"，但并不合张中行的口味，原因是肉多油多比较腻。张中行对天津的肉末烧饼情有独钟，老天津法租界一家小铺的肉末烧饼他吃过很多次，但后来一直想吃。他清晰记得那烧饼是老北京北海仿膳的做法。距劝业场不远处的江苏馆"新泰和"让张中行终生难忘，因为"味绝美"的炒全蟹就是在那里享受的。

张中行认为，老天津的浓豆浆很精致，不同于他处。但讲究吃的"卫嘴子"并不知足，要吃豆浆中加豆腐脑的浆子豆腐，就着豆浆表面挑出的豆皮卷的油炸馃子。这种"奢侈"的吃法让他感到很奇怪，认为是"天津一绝"。

丹青雅事

钱慧安：海派画家北上天津成大名

清代光绪年间，应杨柳青齐健隆、爱竹斋等知名年画庄的邀请，当时蜚声艺坛的海派画家钱慧安乘船来到天津，以职业画家的身份进行年画彩稿创作，开创了中国近代木版年画的新局面，佳话盛传。

应聘来到杨柳青

钱慧安，名贵昌，字吉生，祖籍浙江湖州，出生于江苏宝山清溪镇花园村。此地旧属江苏，今属上海浦东新区高桥镇。钱慧安别号清溪樵子、退一老人，因其画室名为双管楼，所以又号双管楼主。

钱慧安

天资聪颖的钱慧安自少年时代就从民间画师的写真技艺中汲取营养，早年关注明代仇英、唐寅、陈洪绶的画风，继而学习费丹旭、改琦、上官周等名家，对清初《晚笑堂画传》更是心追手摩，受其影响颇深，终将诸家之法融会贯通。20多岁时，钱慧安已形成自己的人物画风格。

远在北国的杨柳青年画庄之所以礼聘钱慧安来津，自然有他们的着眼点。

始入近代以来，海上画派较好地包容了各宗派所长，从内容到技艺方面注重大众审美取向，契合市场，雅俗共赏。40岁左右的钱慧安正处于晚清社会变革的时代，他的人物画继承了传统绘画的精髓，特别是民间年画的优良传统，同时注意吸取西洋美术的特点，力求贴近生活,以雅写俗,俗而不媚,风格鲜明,获得成功。当时,钱慧安的人物画已具独步沪上画坛之势,葛元煦在光绪二年(1876)的《沪游杂记》中称,上海擅长人物的画家仅钱慧安一人。

年画生产历来注重大众的审美取向与市场变化,风行江浙沪的钱慧安画稿自然吸引了杨柳青年画商人的目光。

再有,画家参与民间年画创作在我国美术史上素具传统。光绪年间,绘画艺术的商品化日益显现,在上海便集聚了一批职业画家,吴友如、钱慧安、田子琳、张子祥、朱梦庐、尹铨等就是其中的高手。光绪三十四年(1908),张鸣珂在《寒松阁谈艺琐录》中有记:"自海禁一开,贸易之盛无过上海一隅,而以砚田为生者,亦皆于于而来,侨居卖画。公寿、伯年最为杰出,其次画人物则湖州钱吉生慧安……皆名重一时,流传最盛。"吴友如、张熊等人也曾为苏州桃花坞、上海小校场等地的年画作坊绘制过画稿。当然,创作最多、影响最大的莫过于北上天津杨柳青的钱慧安了。

创作焕发以来

钱慧安是乘船来到天津杨柳青的。关于钱慧安客居天津的具体时间,史料多以"光绪年间"记载。欣赏钱慧安所绘杨柳青年画不难发现,钱慧安在稿本中具体年月的落款并不多见,得见《笑掷骰盘呼大采》的题识为:"时在庚寅夏六月",《风尘三侠》的题识为:"辛卯仲春"。另外,至今行市的《南村访友》的题识为:"己丑龙华会日仿新罗山人本,清溪樵子钱慧安并记于双管楼中。"己丑年为光绪十五年(1889),庚寅年为光绪十六年(1890),辛卯年为光绪十七年,即1891年。钱慧安在杨柳青献艺的时间也因此更加明晰,他当时已近60岁。

画技正处于鼎盛期的钱慧安主要在齐健隆画店、爱竹斋等作坊进行年画彩稿创制。晚清文人沈太侔在民间采风文稿《画棚》中说:"画出杨柳青,属天津,印版设色,俗呼'卫抹子'。早岁,戏剧外,画中多有趣者,如雪园景、渔家乐、桃花源、乡村景、庆乐丰年、他骑骏马我骑驴是也。光绪中,钱慧安至彼(天津,笔者注),为出新裁,多拟典故及前人诗句,色改淡匀,高古俊逸。"

在杨柳青期间,钱慧安作为专业画家,与一般画师的兴致所致、偶而为之而大有不同。他孜孜以求地悉心创作了百余种画样,内容多为民间传说、古人诗句等百姓喜闻乐见的题材,享有"平民画家"的赞誉。其中比较著名的有《麻姑献寿》《钟馗嫁妹》《竹林七贤》《风尘三侠》《东山丝竹》《时还读我书》《风开露井桃》《三块瓦绊倒人》《如会银河》《桃源问津》《南村访友》《张敞画眉》《春风得意》《皆大欢喜》等样稿粉本,还有脍炙人口的《刘姥姥醉卧怡红院》《薛蘅芜讽和螃蟹咏》《史湘云偶填柳絮词》等红楼故事题材。

革新年画风格

在钱慧安所绘的杨柳青年画中,他常常以普通民众的意识来诠释诗词、典故的意境,掇取民俗的细节。就是那些尊贵的佛祖神灵、帝王将相等也被钱慧安请下神坛,被赋予了当时人们理想中的美的形象,融入了百姓的生活,一幅幅生活气息浓郁的图画跃然纸上。

杨柳青浓厚、宽松的民间艺术氛围,让钱慧安的绘画思想更加解放,对于杨柳青年画原有风格的革新,正是钱慧安的最大贡献。

面对当时西方绘画理念的涌入,钱慧安既不全盘接受,也不一概排斥,而是取其精华,适当吸收。他在人物五官的表现上,以线条勾画后略加淡墨渲染,面容的立体感和质感出神入化。钱慧安在勾画侧面或半侧面人物轮廓时,也施以巧妙的透视处理,使得人物姿态更趋于自然饱满。他在杨柳青年画中,还尝试着用顿挫转折且富装饰意味的"铁线描",来表现人物的衣纹以及配景花木等。钱慧安在不违背杨柳青年画的基本规律,不破除其艺术特征的前提下,将文人画的神韵,院体画的精髓,成功扩展到杨柳青年画中。特别是在他的影响下,杨柳青年画打破了长期的对称式构图方式,主要色调风格也由浓艳转向淡雅,突出了文人画的诸多因素,令人耳目一新。

但作为职业画家，如此革新之举往往要冒着画作无人问津的风险，需要一种勇气。钱慧安便具有这样的胆识。

当时，社会新兴工商业得以蓬勃发展，刚刚摆脱小农经济的从业者的审美情趣也在不断变化。钱慧安的年画与时俱进地成为了这一主要购买群体的喜闻乐见之作，表达了民众衣食无忧，享受天伦，祈盼美好的愿望与追求。更加丰富了杨柳青年画品种，特别是钱慧安的作品，经过与刻工的绝佳配合，其市场竞争力得以进一步提升，驰誉四方。

《南村访友》成经典

百多年来，钱慧安的《南村访友》畅销不衰。《南村访友》是一幅中堂画，画中描绘了一位士大夫老者，拄着拐杖到友人家拜访的情景。友人率孙辈在门前恭候，屋中可见老妇和抱婴携孩的子媳。门前的棕榈和古柏的描画，显示出主人的生活情调。钱慧安在画中题诗道："槿下犬迎吠，遥识南村友。殷勤乳下孙，先我乱趋走。久别勿言去，恰熟新酿酒。解篱撷园葵，携壶向高柳。前宿君家时，共醉值邻叟。兹翁故矍铄，日来安好否。"画中人物形象俊秀，色彩淡雅，构图别具一格，并融入了大量中国画的元素。《南村访友》一直是消费者装饰厅堂的最爱。在钱慧安为爱竹斋绘制的《停车觑渭桥》中，人物的背影置身于枯树野水的深秋景色里，突出了一种清幽的意境。

钱慧安绘《南村访友》

清末中国年画的创作,由于文人画家的参与而进一步精到;而画家也吸取了民间艺术纯朴率真的风格,丰富了艺术修养。钱慧安同样如此,具有宋元传统遗风的杨柳青年画让他获益匪浅,使他的绘画艺术达到了空前的境界。钱慧安在天津杨柳青大获成功后,他在画坛的声望如日中天,许多画稿曾被编辑为《钱吉生画谱》《清溪画谱》等,成为民间年画画师学习的范本。比如后来的《教子有方》《抚琴图》等,均可见来自钱慧安画风的影响。在上海,钱慧安的画作被最先进的照相石版技术翻印,洛阳纸贵;在江西景德镇,"钱派"人物登上瓷板画,藏者竞相。

著名画家戴敦邦最初也是通过杨柳青年画,进一步认识钱慧安的。他在艺评文字中曾表述,他在1978年以后渐渐注意到钱老先生的作品,又由于见到天津杨柳青木版年画中亦多有钱老先生的作品,所以认为他是位驰名北地的大画家。

张大千：在津多次办画展

自清代中叶以来，天津就已成为中国北方书画艺术的重镇，这里不仅辈出人才，更重要的是发达的城市经济，为名人字画营造了广阔的市场空间。津城藏龙卧虎，懂画爱画的行家不乏其人，天津市场好像试金石，如果能在海河畔走红，那么在全国出名理当一帆风顺了。

20世纪20年代已崭露头角的张大千，当然不会小觑天津这块宝地，他也未曾想到天津后来竟又成为了他的福地。1925年的时候，张大千在上海举办了首次个人画展，但随着家庭境况出现了下滑，他从此走上了"闲写青山卖"的艺术生涯。1930年，张大千第一次来到天津，住在了日租界熙来饭店（今鞍山道与山西路交口）。张大千博古师古，博采百家之长，摹绘古画的技艺超凡。这次，他将自己的一些摹本，拿到与住地相邻的大罗天（原日租界的一家综合消闲娱乐场所，今天津日报旧址与八一礼堂处）古玩市场的一家画店出售。天津的一些藏家闻讯赶来，张大千的画作销售一空。天津的市场前景和天津人的慧眼与实力，给张大千留下了深刻的印象。

1931年12月和1934年6月，张大千曾两度来津小住并结识了不少朋友。1935年1月，张大千作为"唐宋元明中国画展"的审定代表即将赴日本之前，与他的兄长张善子在天津法租界永安饭店（现新华路）举办画展。岁末年初是津城最寒冷的时节，但仍有不少画迷前来参观捧场，二人的作品也销售过半。

同样是永安饭店，1935年7月24日的人声鼎沸，让张大千有些喜出望外，在天津画迷的热切期盼中，张善子与张大千扇面展隆重开幕。张大千在序言中写道："一别津沽，倏有半载。杜门待母，开径将雏,山川间阔,群惊物故之遥;书间殷勤,苦觉人情之美。爰约家兄善子,同出近作扇面展览,汗雨如注,水云欲流……"这次展览共收作品 74 件,其中立幅 24 件,大多为张氏兄弟的得意之作。画展期间,张大千兴致很高,特意亲手在其作品上加盖印章,所以天津的画迷都以在此次展览上得到张大千的真迹为幸事,盛况空前。

　　1937 年卢沟桥事变后,侵占北平的日本人也盯上了张大千。很快,日本人名义上提出为张大千举办画展,实则想得到他的画作,同时希望他出任日华艺术画院院长、日伪北平艺术专科学校校长的职位。张大千是有民族气节的画家,拒不合作。日本人气急败坏,一面困居张大千,一面向外界散播张大千被击毙的假消息。1938 年 5 月的一天,张大千巧妙躲过监视,逃离北平,第 6 次来到天津。

　　张大千在永安饭店再次举办个人画展。开幕伊始,各界无不震惊——偃旗息鼓的张大千又复出了!就在这次展览期间,张大千与天津的大实业家范竹斋相识。范竹斋拿出家藏名画让张大千欣赏,二人愉快交流。范竹斋十分喜欢张大千的作品,于是出重金请他画 12 幅山水画,作为自己 70 大寿的庆贺。

　　张大千历时半年左右的时间,于 1938 年 3 月完成了《十二条临古山水画》组画,并在范竹斋寿辰之时

张大千

送到了范府。《十二条临古山水画》是张大千所临摹唐、宋、元三代名家力作各 4 条,如:临唐代阎立本的《西岭春云图》,王维的《江山雪霁图》,杨升的《峒关蒲雪图》,李昭道的《海岸图》;摹宋代范宽的《临流独坐图》,缂丝高手沈子蕃缂织的《山水人物图》;仿元代王蒙的《清浦

垂钓图》,倪瓒的《小山竹树图》,盛懋的《苏长公行吟图》等。消息传开,天津书画界人士和古玩商竞相前来一睹神采。

1978 年,曾一度"失踪"的《十二条临古山水画》巨制在天津发现,新华社向海外播发了这一消息,从此国内崇尚大千艺术的热潮在中断多年后再度兴起。

张兆祥：以《百花诗笺谱》传世

笺纸自南北朝产生以后，很快成为文人雅士题咏、书信的尤物，唐时的"薛涛笺"已久负盛名。"花笺"上常印有淡雅的图案或山水花鸟，特别以名家稿本备受推崇。将彩印花笺编辑成图册，名谓"笺谱"。明刻吴发祥的《萝轩变古笺谱》与胡正言的《十竹斋笺谱》堪称我国古笺巨制，名满海内。

晚清以来，提及笺谱，人们自然会想到荣宝斋、西泠印社的名作，常常疏忽了天津的文美斋及其刊印的《百花诗笺谱》（又名《文美斋诗笺谱》）。其实，早在 20 世纪 30 年代初，《百花诗笺谱》即博得鲁迅与郑振铎的青睐，在拍卖会上其身价就已达数万元。

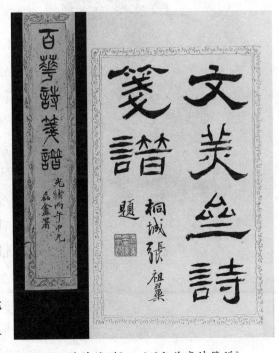

清末民初之时的天津文风鼎盛，各大南纸局兼顾的图书刊行已成为津地出版事业中重要的组成部分。位于估衣街的文美斋当属其中的佼佼者，《百花诗笺谱》便是文美斋主人焦书卿联合书画名家张兆祥（和庵）的杰作。

焦书卿出生于清道光二十二年（1842），自少年入文美斋学徒，而立之年以巨

《百花诗笺谱》又名《文美斋诗笺谱》

资入股后成为该号的总司。焦书卿视商德为重中之重,整顿店务,大兴以文治商的风气。光绪年以后,文美斋增售书籍并致力出版,刻印过不少《四书》《五经》及子集等。光绪十八年(1892),焦书卿请张兆祥特绘笺谱。此后的光绪二十七年(1901),文美斋先行出版了沈兆涌的《百美图咏》和杨伯润的《语石斋画谱》,好评如潮。津沽文人墨客、寓公显贵无不赏识文美斋的文房用品及刊刻、经售的书籍,甚至官署的文牍之需亦唯文美斋为用,各界尊称焦书卿为"焦三先生"。如此,文美斋积资巨数,为后日刊行《百花诗笺谱》奠定了基础。

在天津画坛,张兆祥可谓鼎名之士。他生于咸丰二年(1852),是晚清一位知名的画家。张兆祥幼时家境清贫,喜欢作画,从名画师孟毓梓(绣村)学艺,深受器重,得其写生要诀真传。他是我国第一位将照相术运用于国画创作的,作画特重实物观察,亲手养花以做临摹标本。后又学邹小山、恽南田诸家长处。张兆祥的花鸟画又深得西画写生技巧,融会贯通。所绘《百花诗笺谱》的百幅绘画有各种花卉,腊梅、玉兰、波斯菊、丁香、万年青等百花争艳、绚丽多姿。每幅构图又具求同存异之妙,单枝或多枝,走向与伸展富于变化。如迎春花从右上部延伸至左下角,波斯菊则居上大半画幅,花木与留白的空间美令人赏心悦目。

宣统三年(1911)五月,文美斋不惜工本以加料宣纸,采用传统木刻版水墨套色印刷技术,刊行张兆祥所绘的《百花诗笺谱》一函二册(计200页)。笺谱宽9厘米,高30厘米,天地放宽,卷首为

《百花诗笺谱》内页

48

桐城派名士张祖翼题写的"文美斋诗笺谱"及其亲撰的序文。同一时期的花笺以淡雅、疏朗为主流，有的甚至淡得难辨画面。《百花诗笺谱》以秀美清研的色彩动人，雍容丰润，诚可作画谱临习，与是年南北名社所刊行的笺纸相比，毫无半分愧色，被各界公认为绘、刻、印俱佳之作。

鲁迅对清风雅韵的笺纸素具钟爱之情，先生在1931年的"书帐"中记："《百花诗笺谱》一函二本。振铎赠。七月二十三日。"在多次接触《百花诗笺谱》后，鲁迅曾思考过，如果有人自备佳纸，印一些色彩很好的笺谱，不独为文房清玩之用，实可说是中国木刻史上的一大纪念。这或许是鲁迅被《百花诗笺谱》所感染之致吧。如此，鲁迅与郑振铎合作，于1933年编辑出版了著名的《北平笺谱》，成为中国出版史上的一件大事。

《百花诗笺谱》的问世使焦书卿与文美斋的芳名远扬，外埠的一些书局曾重金聘焦书卿为董事，与此同时，文美斋也在济南、张家口等地开办分号，津沽文脉亦随之流播四方。

王垿：为谦祥益题匾

在老天津卫，提起估衣街谦祥益绸缎庄，可谓家喻户晓，王垿所题"谦祥益保记"，则是津门传统商业匾额广告的代表作品之一。

王垿，字爵生，山东莱阳人，清光绪十五年（1889）翰林，后通过散馆考试，授编修一职，留任朝中。光绪三十二年（1906），任法部侍郎，也曾任国子监祭酒。宣统二年（1910），汪精卫刺杀摄政王载沣未遂，被捕后由肃亲王善耆和王垿审理。他二人见汪精卫慷慨陈词，胆识过人，故命收监未予加害。辛亥革命后，清廷大赦革命党，汪获释。清帝逊位后，王垿不愿再出山供职，以遗老自居，由北京返回山东老家，晚年寓居青岛。

王　垿

王垿曾任实录馆副总裁，清朝历代《实录》皆藏于乾清宫东暖阁内，他因此可零距离欣赏内府珍藏的历代名人书画真迹，可谓大开眼界。王垿的书法深得颜体之精髓，且诸体相参，将旧有的馆阁体书法加以变革，形成"垿体"，骨力开张，大气敦厚，进而享誉北京、天津、山东各地。据传，老北京曾有"无调不宗谭，无书不宗垿"一说（谭指谭鑫培）。

王垿为谦祥益题匾，自有渊缘。山东章丘旧军镇首富孟氏家族的"祥"字号，闻名遐尔。孟家近族分为进修堂、矜恕堂、三恕堂等"堂号家"。天津谦祥益由进修堂一支创办，瑞蚨祥为矜恕堂一支开设。矜恕堂由孟雏川主持家务,其人除经商外,对宦途亦尤其看重。光绪二十五年(1899)袁世凯任山东巡抚时,孟即与袁相交甚密。不仅如此,他又与王垿、徐世光(徐世昌之弟)结为儿女亲家。

谦祥益匾额

想在富商云集的估衣街占稳脚跟,那牌匾的知名度几乎成了头等大事。清末民初之时,街内各大商号对匾额的竞争尤为激烈。1917年开业的谦祥益,正是利用了孟家与王垿的特殊关系,请到他为店铺题匾,并制成天津卫当时流行的饰花边石匾,高置于金碧辉煌的楼宇之上。当开业揭幕匾额时,众商家为之倾倒,无不啧啧称道,天津的媒体也曾就此盛况刊发消息。

另外,孟家的产业广泛,在估衣街西口的北大关运河畔有信和斋酱园,"孟"字商标的香干热销一时,王垿也曾为之题写过字号版匾。附近的老茂生糖果铺,以自产酒心糖盛誉津门,店内有王垿题写的对联一副,"晶瓶香滴黄金露,粉餍膏涂白玉霜"。上联将瓶状的酒心糖形容得似水晶剔透,滴出金色的醇香,下联则形容包裹着霜粉的软糖如娇面玉颜。王垿的书法加上这些溢美之词,俨然是商家最好的广告。

潘龄皋：商家最爱"北潘"书法

潘龄皋

潘龄皋，字锡九，号葛城居士，河北安新(旧称葛城)人，清末、民国时期著名书法家，素有"南谭(谭延闿)北潘"之说。1949年10月1日潘龄皋参加了开国大典，同年12月，毛泽东主席任命潘龄皋为中央人民政府革命军事委员会参议，1951年7月潘龄皋被聘为中央文史馆馆员。

潘家乃书香门第，少年潘龄皋聪颖过人，通经史及诸子百家，好唐诗宋词与明清古文，尤其擅长书法。天津与保定安新一衣带水，旧年津保内河(大清河)交通发达，是当地通往京城的捷径。清光绪二十年(1894)，潘龄皋经由天津进京参加乡试，中举人，次年参加殿试，获进士，入翰林。

潘翰林书法造诣颇高，精于楷书、行书，字体结体平正匀称，用笔圆润流畅，风格雅致秀美，在京津冀广受好评。天津卫乃大商埠，生意人对匾额尤其看重，皆以请潘氏题匾为荣，如三阳金店(北门里)、京都乐仁堂乐家老药铺津号(分别位于估衣街、官银号、法租界梨栈)的匾额就是潘龄皋所题。民国时期，"潘体"被众多书法爱好者追捧，相形之下，天津、北京出版过他的10多种字帖，其中以《胡大川先生幻想诗》《南濠诗话》《又一邨诗话》《潘龄皋太史墨宝》等最为人津津乐道。

有趣的是,为广告宣传,天津同陞和鞋帽店也曾推出过潘龄皋的《弟子规》经折装本,一面为字帖,一面是鞋帽图样,分赠顾客,显出儒商之气。直到1985年,天津古籍书店还根据民国文成堂书庄版影印出版了《潘龄皋行书四种》等。值得一提的还有,潘龄皋与津城书法大家华世奎亦多有交往。近年坊间曾拍卖潘龄皋信札九页五通,其中便提及他曾"又寄华七爷小横条"等书法作品。"华七爷"即华世奎。

光绪二十四年(1898),潘龄皋远赴甘肃任职,历任多地知县、知州、知府等,广施惠政,受百姓拥戴。1922年8月潘龄皋辞职回乡,后移居天津、北平,以赋诗、写字为乐,鬻书自给,成为北方著名的书法家。

华世奎：津门榜书第一家

　　津门书法名家华世奎与天津城市的商业文化有着太深的缘分，成为卫派榜书艺术最杰出的代表。浏览老天津匾额艺术，我们曾无数次地走近华世奎，从有"中华名匾"之称的"天津劝业场"，到"祥德斋""敦庆隆绸缎庄""南京理发店""隆昌号""隆顺榕成记药店""恒祥公""庆成瑞""万义号"等华氏颜体书法匾额，早已成为天津传统商业文化的重彩笔墨。

天津劝业场牌匾

　　华世奎，字启臣，号璧臣，祖籍江苏无锡，生于天津老城东门里。华家乃盐商家庭，华世奎4岁开始接受家塾启蒙教育，每天坚持练字不辍，其父要求甚严，偶见稍有懈怠，就拿烟袋锅往脑袋上敲。为了纠正执笔姿势，其父独出心裁地在他笔杆上放一枚铜钱，只要笔杆稍有倾斜，铜钱就会掉落下来。据说，华世奎到后来可在笔杆上放10个铜钱，仍能运笔自如，可见功力之深。

　　华世奎的侄孙、书画家华克齐在《津沽乡贤华世奎》一文中，记录了华世奎书法生活的一些细节。因华世奎性情孤僻，不善交际，写字时从不让人进入书房旁观。华克齐在文中说："笔者父亲华泽咸老人自小跟随伯父华世奎学书法，再加上与其双重的亲情关系——华世奎的舅父是华泽咸的外祖父,华泽咸的母亲是华世奎的弟媳,又是其亲表妹,被特许进入书房,有幸目睹了华世奎的几件包括书写'天津劝业场'等重大书法作品的创作过程。"

华世奎的书法真、草、隶、篆诸体,无有不精。最能代表其书法风格的要算他的楷书作品,走笔取颜字之骨,气魄雄伟,骨力开张,功力甚厚,有馆阁气魄,堪称近代天津四大书法家之首。

进入民国以后,华世奎回到天津,以遗老自居,终生不剪辫子。他基本是以鬻字为生,在东门里老宅有他的账房,掌管对外的润格(收费标准)。一般为一副对联8元,中堂10元,匾额榜书、贺帐、挽联之类另议。

《津沽乡贤华世奎》文中表述,根据所标价格多少,他在作品上写有不同"暗记",外人难以察觉。"比如,一副对联笔单为8元大洋,再加4角给南纸局作为代理费,共8元4角。如果再写双款,则价格翻倍。"华克齐写道:"对花钱买字的人,华世奎一般落款为某某尊兄,以示尊重。也有托人求字不付润笔费的,盛情难却,为之落款就写为某某仁兄,因此以这种称谓传世的作品,其实并非说明是什么亲近的关系。他有时还对写给晚辈或比自己年纪小的人,署为世兄,写给亲戚的作品落款为姻兄。"

在天津,华世奎的榜书造诣可谓无人能及。为什么华世奎的榜书广泛风行并产生深刻影响呢?

其一,颜体书法在我国有一定的传统,气魄雄伟,所以,众多商家喜爱颜体匾额。华氏书法正楷学颜真卿,极具功力。传说,当年隆昌号海货店老板以每

华世奎题写的隆昌号匾额

字 100 元请华世奎题匾。写就后,店家觉得每字大小不均,不甚满意。又每字追加 100 元要求重写,仍觉欠妥,便请教华世奎。华世奎告诉他匾额置于高处会引发视觉差,不同于近观平视,店家深深折服,感激至极。"隆昌号"成为当时商号润格最高的匾额之一。

其二,皇朝文化的影响是老天津匾额文化的又一个特征。天津地近京都,天子脚下,北京影响着天津文化艺术的发展。华世奎在清光绪年癸巳恩科中举后,历任八旗官学教习、内阁中书行走、军机处章京、三品衔军机领班、二品内阁阁丞等要职,他显赫的功名也为天津商家所仰慕。

华世奎的书法艺术影响不局限于天津,民国时期的华世奎曾在全国各地南纸局(字画店)挂笔单,山西晋商宅院内也可见华世奎书写的楹联、匾额。

邵芳：师从陈少梅的女画家

在大洋彼岸的美国，有一位早年成名于天津的优秀女艺术家，她就是20世纪40年代就致力于敦煌壁画研究的奇女子，著名的美籍华人国画家、陶艺家、建筑师，她是津派国画大师陈少梅的入室弟子——邵芳。

1918年，邵芳出生于江苏常州，生性喜爱山水草木，亲近自然，从小写写画画，艺术天分颇高。青少年时代的邵芳曾辗转于京津等地，得到了名家陈少梅的垂青。

陈少梅，百年来京津画派的代表人物，艺术贡献令世人瞩目。陈少梅17岁就已成为湖社画会的骨干，1930年左右，22岁的他来到天津主持创建湖社画会天津分会。陈少梅不仅是一位杰出的画家，更是一名优秀的美术教育家，他广收弟子，邵芳便是其中的佼佼者。拜于陈门的邵芳勤勉习艺，日日精进，颇得老师赏识。后来，邵芳不仅担任了陈少梅的助教，师徒也常有合作，如《百婴图》《说佛图》等，《说佛图》还获得过国际殊荣，邵芳在京津画坛崭露头角。

花样年华的邵芳也成为名闻津城的时尚才女，20世纪30年代中期，她的玉照曾数次成为《北洋画报》头版的

邵芳在美国作画

"秀丽招牌",其中的《闲倚栏杆》一幅最是可人。1940年10月,邵芳与盛宣怀的侄曾孙盛胜保在天津结婚,婚后改随夫姓。当时,盛胜保是西部甘新公路的工程师,婚后,邵芳随夫远赴甘肃生活。

1944年2月,国立敦煌艺术研究所在敦煌莫高窟旁成立,邵芳出任研究员。她不畏生活环境、工作条件之艰苦,与常书鸿、董希文、张大千等名家一道临摹壁画,成为较早临摹敦煌壁画的优秀女画家。抗战胜利后,邵芳的业绩备受艺术界关注,她曾在南京举办画展,广获好评。

1947年,美国建筑大师莱特创办的塔里森建筑学校面向各国招生,在中国仅有一个名额。莱特大为欣赏邵芳的画稿,特别是她所临敦煌壁画的作品,缘此,29岁的邵芳赴美国发展。有报道称,后来邵芳回祖国探亲,当她在荣宝斋再见到陈少梅的作品时,对天津人文的怀恋之情不禁油然而生。

杨昱昆:倡导尊古书画学风

20 世纪二三十年代,随着天津城市的不断繁荣及新文化运动的影响,津沽文化艺术事业一派兴盛。书法家杨昱昆于 1928 年在今河北区月纬路创办了楷学励进社,以弘扬国粹,促进文化。楷学励进社面向全国招收有志青年,传授书法艺术,学员来自广东、广西、四川、甘肃等地,十余年间毕业达千人之多,成绩可观者过半。

1937 年天津沦陷,铁蹄下的天津文化人保持着应有的民族气节,素以倡扬传统书画艺术著称的杨昱昆,于 1940 年 3 月末向市教育部门呈文:"近复鉴于世界潮流趋向,国画一端尤应提倡,俾兴书道,相并发展,拟即改组楷学励进社,更名尊古书画学社。"与此同时,学社的一份刊物也在积极筹办中。

就"尊古"之名,杨昱昆曾言:追念古人对书画艺术苦心力学、殚精竭虑、昕夕研究的精神,堪为后人取法……吾侪后生,师法古人,不能忘本,自当尊敬古人。同年 5 月,楷学励进社获准改组"尊古书画学社"后,其规模进一步扩大。

尊古书画学社的规模与影响提升,在原书法科的基础上新增国画科,分别由杨昱昆与黄士俊任教。书法教授篆、隶、魏、楷、行、草,国画教授山水、人物、花鸟。面授班、星期班、函授班的多样办学形式,满足了书画学子的不同需求。在浮躁与纷乱的时局中,学社要求同仁、编务洁身自爱,敦品励行,钻研业务。对于学艺精进的学生,不惜以名家书画相赠鼓励。同时,在一年的学制期间,学社举办两届书画交流展,学风蔚然。

随即,《尊古书画半月刊》也于 6 月 1 日精彩亮相。

《尊古书画半月刊》书影

日军占领天津期间，原本繁荣的天津出版业发生了不小的变化，良莠不齐的消闲类出版物充斥街市，加之津地纯粹的书画刊物寥寥，《尊古书画半月刊》的问世在天津书画界引起强烈反响，"如晨曦初放，耀然出彩，霞彩四布，大地为之光明"。中国书店、大陆书局、世界图书局、天津书局、老胡开文、文化斋等竞相代售，盛况可见一斑。文化名流、书画名家或丹青，或美文，纷纷致贺。

《尊古书画半月刊》内容丰富多彩，不仅有书画艺术、技法讲谈，举凡古人名人墨迹精品、文艺著述、访问快讯、逸闻趣事等，无所不包。半月刊不断刊发历代名作及张大千、齐白石、吴昌硕等大师的墨宝，以飨读者。值得一提的是，天津工业印刷局、复兴印刷局承印的该刊，由于采用了当年高水平的珂罗版印刷，书画作品层次清晰，笔墨尽显，令人赏心悦目，可与著名的《湖社月刊》《艺林月刊》相媲美。尊古书画学社社长、半月刊主编杨昱昆多年悉心古今文字研究，尤其对汉魏书法追求尤甚，深得精髓。在创刊号开始，杨昱昆以连载的形式编撰《历代书家小传》和《六朝笔法》，其心志不难想见。

创刊号出版后，学社即收到各地信函三百余件。各界予以赞许的同时，也提出了不少中肯的建议。学社备受鼓舞，"谨将诸同志的南针依次排列，悬在壁上，编者时时注视，当作座右铭。"另外，限于条件与经费，半月刊重在热心支持者的无私供稿。"编者没有礼品酬劳，谨当涂奉对联一幅，或中堂或扇面，以答雅意。"

尊古书画学社与《尊古书画半月刊》不断造就着艺术人才，传播着书画精粹，在天津城市文化史上留下了自己的足迹。

窦宗洛：漫画绘天津

1934 年 1 月 20 日，《时代漫画》创刊于上海（1937 年 6 月停刊），主要刊登反映社会生活和抗战题材的作品，以现实、敢言的鲜明风格，在当时的许多漫画报刊中脱颖而出，成为 30 年代国内最出色的漫画刊物。

《时代漫画》由画家鲁少飞主编，得到了张光宇、叶浅予、黄文农、曹涵美、华君武、廖冰兄、胡考、王敦庆等许多进步画家的支持，佳作迭出。不仅如此，读者在刊物中还经常发现窦宗洛、窦宗淦、姚团丝等漫画家"寄自天津"的作品。

天津漫画家窦宗洛所绘《天津某租界的夜市》刊于 1934 年 7 月号的《时代漫画》，是该刊中较早反映天津社会生活的漫画。夜色与荧荧灯火中，卖烟枪、卖臭虫药的摊子前围满了顾客，画的题注特别有趣——两种特殊营养。在随后刊登的《天津租界区的典型人物》中，窦宗洛以讽刺的笔法描画了大腹便便的洋警察、骨瘦如柴的混混儿、香艳撩人的旗袍少妇等引人发笑的形象。1935 年 7 月山东黄河水灾，受灾民众达 350 多万，各地纷纷组织救济捐助，天津街头募捐的场面也被窦宗洛记录下来。画面上募捐的人群背后，忽然有人高喊："喂！看这个干吗？你瞧那边多么有意思！"原来，那边敲锣打鼓地过来一干某绸缎庄的广告宣传队伍，他们跳着大头舞，举着金元宝道具，鼓噪着买一赠一得大奖的口号。

在 1936 年全国日益高涨的抗日呼声中，经《时代漫画》主编鲁少飞倡议，第一届全国漫画作品展览会于同年 11 月 4 日在上海成功举办，参展的 600 余件作品，揭露了日本侵略者的罪行，也讽刺了国民党反动派投降卖国的嘴脸。天津作者窦宗洛的《王道乐土》《缉私》和高龙生的《国破山河在"？"》等作品均入选其中，获得赞誉。1937 年 8 月，窦宗洛、高龙生还与鲁少飞、丁聪、叶浅予、张乐平、张正宇、张光宇、华君武等著名漫画家一道，成为上海漫画界救亡协会的一员，树起了鲜明的抗日旗帜。

《时代漫画》封面上窦宗淦寄自天津的作品

窦宗洛的兄弟窦宗淦，为《时代漫画》投稿的时间相对较晚。1935 年 12 月 9 日，北平发生一二·九爱国运动，窦宗淦反应相当敏锐，很快在 1936 年 1 月号杂志的显著版面发了《如临大敌》。画面近景是守护北平城的反动军警，他们手执长枪与刺刀，脚下的示威群众已倒在了血泊中，远处高举横标的游行队伍也遭到镇压。作品意味深长，揭露了反动当局不积极抗日，却将爱国民众作为"大敌"来镇压的本来面目。窦宗淦在同一时期还以北方流行的民间情歌为基础，创作了《民间情歌》系列漫画，相比张光宇的同题材漫画，其更注重写实，雅俗共赏。

在《时代漫画》中还有不少来自天津的漫画家或"寄自天津"的精彩作品，如姚团丝的《二十五年度大事》，反映的是 1936 年天津会考考场情景，金树延的《从都市回来的乡下人》描写了民生百态的一个细节。还有尼尼的《游泳池印象》、陈乃勇的《"高等"难民》、翁传庆的《后台风光》等作品，或写实，或辛辣，或有趣，无不耐人寻味。

陆辛农：为娘娘宫画写真

近代以来，以《点石斋画报》为代表，中国新闻界争办画刊。清光绪三十三年春(1907)3月23日，《醒俗画报》在天津创刊，名画家陆辛农(文郁)首任主笔，画报活灵活现地描绘出津沽市相。

《醒俗画报》创刊不久，即刊发了一幅以百姓在娘娘宫内祈福求吉为内容的画面，较为真实地表现了当时正殿前的景致。正殿檐下挂着"护国保民"和"宇宙精灵"等匾额，为明万历年间所立。月台上的游人中可见一位摆地摊的商贩，正吸着旱烟袋。与现今不同的是，在月台下有一对石狮，且置于高大的石基座上。该石狮年代久远，下面的基座为存福堂于光绪二十八年(1902)八月捐建。根据此图推测，这对石狮当时的位置，大致分别在月台东北角和东南角向前3米至5米的点位。画中月台前南侧(现普济泉处)原有树木一株，受到精心养护。另外，所绘正殿前高大的香炉与现今香炉的形制极为相似。

娘娘宫的皇会遐迩闻名，每逢会期人涌如潮，陆辛农也于第一时间在《醒俗画报》上描绘了一次皇会的场面。这是光绪三十三年(1907)天后诞辰庆典前一日——农历三月二十二日的情景。

陆辛农绘娘娘宫风貌

当时,乡祠挎鼓会正途经西门内一带,街上人头攒动,尤其是"各妇女皆描眉拢鬓,饰粉调脂,尽态极妍,争春斗艳"。天津旧俗经常在街道两旁高搭席棚看会,也许是因为棚内人多的关系,据配文所知,在这天黄昏时分有一间席棚"绳断板塌",棚内兴高采烈的数位妇女皆坠跌下来。

有上海三大画报之誉的《图画新闻》,同为光绪三十三年(1907)创办,绘画者是连环画高手李树函。《图画新闻》在光绪三十四年(1908)正月末所刊的一幅图画,报道了一则发生在天津娘娘宫门前的趣闻。画中众人围观一位正在着急的老太太,文载:"天津天后宫香火最繁盛,男女拥挤……某日有一老妪哭泣呼唤云,媳抱孙在前行走,倏忽不见,虽带哭带喊,口中犹不住呼菩萨保佑云。"文后的编者按就此特别提醒读者,应多加留心,避免类似事情的发生。

画家陆辛农和李树函以新闻与写生兼具的笔触,再现了百年前娘娘宫的风物与民俗生活,反映了天津皇会的盛况与市井百态,具有津沽风俗史料的价值。

张誉闻:印书法名帖做广告

许多老天津商人崇尚儒雅。笔者收藏有一册《临池清赏》字帖,为天津凤祥号于1935年10月编辑印行,是以书法名帖为主要内容的广告册页,名墨其间商品琳琅,宜文宜商,雅俗共赏。

开业于民国初年的凤祥号是天津知名的鞋帽庄,经营伊始即卷入激烈的市场竞争中,各商家在精工细制、热情服务的同时,对于如何出奇制胜地进行宣传也殚精竭虑,《临池清赏》盖缘此而生。首期《临池清赏》的问世时间在1935年中秋前后,随即在天津学界、工商界引起强烈反响,"刊行后不旬日罄数万本,士林交相赞许"。

凤祥号财东张誉闻是一位善丹青、喜收藏的商人,他不仅主持编辑《临池清赏》,还亲自绘制封面图画并撰写序言。笔者所藏为第二期《临池清赏》,封面画题为《凤祥染翰》,画中的学童在案前专心临帖,

凤祥号的《临池清赏》将广告与传统文化完美结合

帖上书有"后生可畏"的字样,寓意深刻。在这一期开篇的自序中,张誉闻以简洁的文字评析了历代书法艺术的神采,阐明了尊古临池的意义所在,小楷笔迹不乏功力。

《临池清赏》可谓一炮走红,始料未及的盛况给了张誉闻很大鼓舞,他在该期的序言里说:"首册迫于时间,限于篇幅,辑未尽惬意,兹当续印",以满足书法爱好者和各界的需求。另外,在第四期《临池清赏》中又可见张誉闻进一步的观点:"夫学问一道,贵乎多见多闻,如浅识短见不足论学矣。誉闻累集临池清赏,蒙各界师友赐教,是以抛砖引玉,所获良多。今复整编搜集颇丰,庶于青年学友不无小补,是所厚望焉。"

系列《临池清赏》正背 30 面不等,展开达 2 米左右,其中可见柳公权的《玄秘塔碑》、颜真卿的《庾子山枯树赋》、欧阳询的《温恭公碑》,以及《张迁碑》等诸多墨宝。第四期中还刊有书法扇面两幅,其中刘墉(石庵)摹北宋大家蔡京的诗作很有特色。另外,《临池清赏》册页背底有郑孝胥题书的"凤祥号"大字。

穿插在名墨中的是凤祥号琳琅满目的鞋帽商品,每款皆附温文尔雅的广告语词,且明码标价,童叟无欺。第二期中还特别印有凤祥号鞋帽量尺法实际操作的实景照片,属难得一见。《临池清赏》竖长如尺牍,易装入函套,函索即寄,分文不取,促进四乡八镇及外埠生意的同时,也为书法艺术的广泛传播发挥了积极作用。

陈其华：商业美术画稿炙手可热

大凡广告招贴、包装装潢、商标图画等，皆以巧妙创意和精美设计吸引人，通过印刷、加工为工商业服务，并成为专门的艺术。天津老一代商业美术家在中国工艺美术史上曾留下辉煌的足迹，陈其华便是其中的佼佼者，笔者收藏有他绘制的《飞行图》《九龙壁》《交流图》等老商标图，可谓较好的见证。

陈其华1906年生于河北文安，童年时代就酷爱绘画，17岁师从霸州画家周文术。1924年他来到天津，以鬻画为生，稍后入职华中印刷局。当时，天津商业美术学科还属雏形，天资聪明的陈其华边干边学，往来于画会、学校，手摩心追，花鸟、山水、素描、水粉的技艺日日精进，很快成为华中的台柱子。

陈其华绘《九龙壁》商标图

陈其华的古装工笔人物画造型准确,线条工细流畅,设色润泽雅致,刻画入微传神。他常常依据古典诗词进行创作,诗情画意相得益彰,妙趣横生。他融会中西技法,同时设计了不少商标画、广告画等,深受商界和画界好评。

老天津是中国北方的茶叶集散地,竞争激烈,茶行对包装与广告尤其注重。正兴德茶庄对陈其华新颖的风景或几何图案画样格外青睐,点名要求制罐厂商采用。或许应了艺术无价那句话,天津知名的志成花铁制罐厂老板后来以每月200多元大洋聘请陈其华加盟,在业界引起了不小的轰动。

陈其华的画稿炙手可热,正兴德茶庄索性再出高价将陈其华请到茶庄。没想到半年过去了,陈其华竟没有动笔,但茶庄老板仍是热情招待,从不怠慢。陈其华见此人可交,于是精心画出了《渔樵耕读》四条屏。只见画中意境幽远,山水疏密浓淡,千里风景溶于方寸。而人物高不过寸,却毫发毕现,眉目传神。这套茶叶罐一面市,正兴德的生意倍加红火,茶客们对陈其华的画技拍手叫绝。

20世纪30年代,陈其华的几何图案印铁画样红极一时,不少茶庄与制罐厂求贤若渴。陈其华为天成厚茶庄设计的茶罐,选用湖蓝色为底色,上面变化多端的几何图案与"别有余香""饮有余兴"等花体美术字相映成趣。

另有一幅陈其华绘制的纺织品商标画,画面是白居易与童子在水畔消闲。画意取自白居易诗句:"窗间睡足休高枕,水畔闲来上小船。棹遣秃头奴子拨,茶教纤手侍儿煎。门前便是红尘地,林外无非赤日天。谁信好风清簟上,更无一事但翛然。"此乃《池上逐凉》的第二首。大意是说酷热的暑天,白居易在竹林畔池水前的凉亭中纳凉,一旁有小奴用炭炉烹茶,近前还有渔人捕获才归,犹如世外桃源,幽静舒适。然而,诗人也想到了门前便是烈日照射的土地,林外边无非是赤日炎炎的天空。白居易正是以此冷热对比的手法,烘托出池上之美。

读题款可知,此图是陈其华1935年据诗意绘制的。画中,虚实结合,主次分明,无论是人物、风景、器物,皆被陈其华表现得惟妙惟肖。特别是三个人物的神情、眉眼、长髯、发丝、衣褶等,已达纤毫毕现的程度。这也得益于精到的印刷技术。在画面左下角,画家还亲笔照录了"棹遣秃头奴子拨,茶教纤手侍儿煎"之句。而这一切,都被巧妙地框在了传统圆光(也称圆鼓子,常见于古典建筑彩绘)边饰中,进一步丰富了画面设计的层次感。

抗战爆发后,陈其华投身革命,来到冀中军区绘制军事地图。新中国成立后,陈其华转至西安继续从事美术设计工作,多有建树。

文艺气象

徐世昌:在小站作《练兵歌》

近代闻名的天津小站练兵,目的是在军事建制、操练与战术等方面与国际接轨,袁世凯对提升官兵的训练热情也是殚精竭虑。因为当时士兵的文化水平较低,甚至不识字,使训练条例、法规的贯彻大受影响。如果将各种训条编成通俗易懂的军歌传唱,岂不妙哉?清光绪二十三年(1897),袁世凯想到了故交——翰林院编修徐世昌。

徐世昌

徐世昌与袁世凯自光绪五年(1879)在河南陈州(今周口淮阳)读书时相识,结拜为兄弟。后来,徐世昌进京赶考,袁世凯赠送了路费。知遇之恩让徐翰林一直感念,所以面对袁世凯的邀请,他随即放弃了高官厚禄来到小站相助,其实他也看到了当时形势下弃文从武的光明前途。

徐世昌任新建陆军参谋营务处总办,为了激发官兵们的训练热情和效忠思想,他很快编写了《劝兵歌》《练兵歌》《对兵歌》《行军歌》等。《练兵歌》又叫《大帅练兵歌》,"大帅"即指袁世凯。歌中唱到:"朝廷欲将太平大局保,大帅统领遵旨练新操,第一立志要把君恩报,第二功课要靠官长教,第三行军莫把民骚扰,我等饷银皆是民脂膏,第四品行名誉要爱好,第五同军切莫相争吵,方今中国文武学堂造,不比市井蠢汉逞粗豪……"歌词里虽不乏封建忠君思想,但其中的积极意义也不可否认,特别是那昂扬的曲调更能振奋人心。

徐世昌为《大帅练兵歌》选择了普鲁士军歌的曲调。普鲁士军歌原名《德皇威廉练兵曲》,很适宜列队行进时齐唱。为什么在遥远的东方小站会流传这样的曲子呢?原来,李鸿章的军事思想深受德国影响,早在光绪十年(1884)前后,他就请来一些德国教官到天津武备学堂任教,大名鼎鼎的汉纳根也位列其中。光绪二十一年(1895)袁世凯接手督练新军以来,德国军事理念同样影响着他。新军在德国教官的引领下,大多按照德国陆军的教条进行训练,袁世凯还在军营中开设了德语学堂,可谓德风尽吹。《德皇威廉练兵曲》就是由德国人带到小站军营的。《大帅练兵歌》伴着德风曲调从此唱响兵营,响彻小站,新军面貌焕然。这首歌在后来也被称为《北洋军军歌》。

　　徐世昌还根据西方军事理论,先后编写了《新建陆军兵略录存》和《新建陆军操法详晰图说》,让目不识丁的士兵一目了然,大大方便了操练。随后,《战法学》《战略学》《陆战新法》《德国军政要义》《日本陆军大学战术讲义》等书籍,在徐世昌的主持下也顺利刊行。袁世凯深深信赖徐世昌这位"稽查"参谋,徐世昌为小站练兵立下了汗马功劳,《练兵歌》日后也影响着中国军歌的形成与发展。

　　光绪二十二年(1896),湖广总督张之洞在湖北武汉编练新军,所采用的军歌中的第二段便是原版《大帅练兵歌》。进入民国,袁世凯嫡系张作霖的奉军军歌,也是在《大帅练兵歌》的基础上改编而来,歌中唱到:"中华民族五族共和好,方知今日练兵最为高,大帅练兵人人都知晓,若不当兵国家不能保……"从《大帅练兵歌》到奉军军歌,明显可以看出歌词紧随时代的变化。1922年冯玉祥任河南督军,部队驻扎河南,与《大帅练兵歌》异曲同工的歌曲《民族立宪歌》在军中盛传:"民族立宪五族共和了,方知今日练兵最为高,庚子兵变人人都知晓,若不当兵国家无人保……"这首歌经过广大军兵传唱,很快在鄂豫皖苏区流传开来,并对后来当地民歌《土地革命完成了》的诞生产生了一定影响。

　　重新填词的《国民革命军歌》还被带到红色根据地井冈山,并逐渐成为脍炙人口的不朽经典。

梁启超：观菊展赋诗

梁启超在天津饮冰室度过了他生命中最重要的 15 年，完成了大量学术著作。

深秋初冬，菊花争艳。1927 年 11 月初，梁启超在天津作诗一首："浥露酙佳色，和霞餐落英；未妨济物意，持此制颓龄。"诗中的"酙"同"玩"，"制颓龄"源于陶渊明"酒能祛百病，菊能制颓龄"之说。此诗是当时梁启超为天津东亚医院的田村院长所题，任公文称："田村先生，医中国手，以余事艺菊花，满园秋艳，为北地冠，见招会赏，辄题一绝。"

天津梁启超故居现貌

天津种植菊花、品赏菊花素有传统，入清后，津西南运河畔的永丰屯、杨庄子、曹庄子等地就已是闻名的花乡了，秋冬时节，菊花竞相开放。康熙年间，位于西门外演武场的宜亭一带非常热闹。金秋时节，商贩们运来大量的菊花，一是售卖，二是供人欣赏，渐成风气。著名的查家园林水西庄园艺精湛，很早便引进了墨西哥原产菊花，加之园内繁茂的本地菊花，曾多次举办欣赏会，推出过花形见方的"黄金印"和花色粉红的"芙蓉城"等菊花妙品，并有《慕园老人携孙采菊图》经典传世。

　　民国时期，天津赏菊习俗热度不减，虽然少见官方举办的菊展，但社会贤达自行筹划的各种赏菊活动蔚为大观，媒体争相报道，民众流连忘返，文人墨客更以赏菊吟诗为雅事。

　　据 1927 年 11 月 19 日的《北洋画报》报道，梁启超于当月初来到法租界东亚医院参观在那里举办的赛菊大会，并有感而发，当即题诗一首。此次菊花展览在医院的后院，到会的天津名流颇多，"一时往观者大有山荫道上应接不暇之慨"。菊展由院长筹划，其助手王晓岩鼎力相助。

　　天津当时的菊展有为花儿征名的习俗，不乏公众参与评选，芳名排位次，于人于花皆为荣誉。梁启超参观的东亚医院菊花会最终公选出白色的"醉玉环"和粉色的"淑女振袖"分别为冠亚军。

尹绍耕:偷拍慈禧奉安大典

回眸近代中国摄影史,天津福升照相馆因拍摄慈禧入殓一事而闻名,缘此也成为我国第一宗照相业冤案的主角。

清光绪三十四年(1908)农历十月二十二日(11月15日),慈禧皇太后逝世。宣统元年(1909)九月末,清廷准备在河北遵化菩陀峪定东陵为慈禧举行隆重的奉安大典,此举引起国内外新闻界的广泛关注,天津的福升照相馆也不声不响地瞄上了此事。

福升照相馆徽标

福升照相馆位于繁华熙攘的东马路,主人叫尹绍耕。当时,尹绍耕以多年的职业眼光觉察到,国内报刊尚不具备足够的新闻摄影能力,于是计划将奉安大典的整个过程拍成照片,至于是收藏还是对外发售,那是以后的事情。想来,普通百姓若要介入皇朝大事岂非易事,更何况葬礼是严禁拍摄的。但尹绍耕很聪明,他买通了直隶总督端方,从而顺顺当当地带上照相器材,与其弟尹沧田等一行四人悄悄混入了送葬队伍,从皇城一路拍了过去。

顺便一说,端方早在光绪三十一年(1905)末就曾以闽浙总督的身份率团游历欧美十国(次年8月回国),并带回一台照相机,宣统元年他调任天津时也将相机带来,他不仅学会了摄影还拍摄了不少照片。

十月初一那天中午,尹绍耕等人到达菩陀峪大典现场。百官列队,气氛隆重,当慈禧的梓宫(灵柩)即将来到隆恩殿时,尹氏兄弟又忙活开了。此刻,意外发生了,他们的行迹暴露在众目睽睽之下,百官顿然惊愕万分……偷拍皇太后实乃天大罪过,清廷大为光火,尹绍耕一行即刻遭拘捕,后被处 10 年监禁,由此引发的"东陵照相案"迅速震惊全国。端方也缘此被罢免了直隶总督一职,由陈夔龙接任,在其到任前,由直隶布政使崔永安暂行代理。

尹绍耕拍摄的奉安大典

案发后,社会舆论纷纷谴责清廷封建统治,革命党人在广州的《时事画报》上刊出时事讽刺图画,并对这场不白之冤进行了评说:"清政府提议,前清慈禧后葬棺时在东陵照清太后之两犯,已定监禁十年……接欧美各国君后之相,遍地悬挂,未尝以为亵也,今满政府则拍照一相,监禁十年。专制国,专制于此,足见一斑矣。"

岁月沧桑,尹氏兄弟当年拍摄的底版下落已无人知晓,但历史的影像足以穿越时光。2008 年岁末,一批具有很高文献价值的清末民初的老照片现身中国嘉德拍卖会,其中就有《洋大人眼中的清国风俗及慈禧太后奉安大典影集》《甲午海战照片》《两宫回銮》等拍品。《奉安大典影集》为一组 21 张,照片中可见整齐威严的仪仗队站立在道路两侧,中间所留宽阔的道路好像是在等待慈禧梓宫的到来。另见官员们身着白色丧服站在一旁正交头接耳,还有几个外国人在四处张望。最终,这组照片拍出了 6.72 万元的高价。这组照片与尹氏的关联尚待进一步研考。

据近年所见老照片分析,福升照相馆至迟在民国初年还活跃在津城。2007 年 6 月,一幅由福升号拍摄的赵秉钧戎装肖像出现在北京华辰拍卖会上。

赵秉钧与天津缘分也是不浅。袁世凯小站练兵时,赵秉钧曾随习军政,专攻侦探、警察两门。光绪二十七年(1901),袁世凯委任赵秉钧创办巡警,第二年初,赵秉钧出任保定巡警局总办,同时率领由新军改编而成1500名巡警驻扎天津。1912年3月,袁世凯就任临时大总统,赵秉钧任内务总长,后为国务总理,1913年7月辞职。这幅照片高27厘米,宽21厘米,照片一角的钢印显示着"福升,天津东马路"以及"FU SHENG TIENTSIN CHINA"的字样。照片的构图与用光非讲究,人物服装与饰物的质感也表现得非常好,展现出福升照相馆的高超技艺。

吕碧城:风华绝代的才女

　　吕碧城有民国"第一奇女子"的美誉。清光绪九年(1883)吕碧城生于安徽旌德,自幼得家学熏陶,少年时便才情出众,9岁时与乡绅之子定下了婚约。天有不测风云,吕碧城在13岁那年遭遇多重打击——父亲病故、家产被占、男方退婚。

　　吕家孤儿寡母生活无着,只好北来天津塘沽投奔了舅父严凤笙(盐场总管,八品官员)。吕碧城20岁上下的时候,深感戊戌变法维新之风,决意到天津城学习发展。几经波折,幸得贵人相助,吕碧城写给天津《大公报》的求助信被总编辑英敛之看到了。英敛之同情之余更青睐这小女子笔端的灵气,邀请她担任见习编辑,我国新闻史上的第一位女编辑由此诞生,吕碧城走上了崭新的人生之路,可谓时来运转。

吕碧城

　　吕碧城到《大公报》后,其诗词频频见报,格律严谨,文采飞扬,颇受前辈赞许,深得新女性羡慕。她又连续撰写提倡女子解放、女学教育的文章,引发了强烈的社会反响,在京津声名鹊起,成为一颗冉冉升起的新星。

　　作为妇女运动的先行者,吕碧城认为必须要启发民智,提高文化素质,才能让广大姐妹真正获得独立,才是国家自强的根本。随后,在英敛之的介绍下,吕碧城结识了严复、严修、傅增湘等名流。严复也早闻吕碧城大名,对她十分赏识,不仅收她为女弟子,还悉心教授她逻辑学原理等,师生间更有诗词唱和之佳话。严复又主动向直隶总督袁世凯鼎力推荐吕碧城,使她参与到天津女学堂的创办中来。光绪三十年(1904)十月,北洋女子公学在天津河北三马路成立,吕碧城出任总教习(教务长),站到了思想潮流的最前沿。两年后,学校增加师范专业并更名为北洋女子师范学堂,时年23岁的吕碧城担纲监督(校长)。如此充满青春活力的女校长,在当年的国内实属凤毛麟角,令世人刮目相看。

1912 年,吕碧城出任袁世凯总统府的机要秘书。三年后,她出人意料地淡出政界,移居上海发展,创下了更多的女界"神话"。

冯武越：运筹北洋摄影会

20世纪二三十年代，中国摄影有了长足发展，加之五四运动以来思想文化领域愈加活跃，各种摄影社团纷纷涌现，比如20年代中期北京成立了艺术写真研究会，上海成立了中华摄影学社、黑白影社。另外，广州有景社，南京有美社等。1927年，天津北洋摄影会也应运而生，并以其人脉与作品迅速赢得社会赞誉。北洋摄影会的母体是大名鼎鼎的《北洋画报》。

北洋摄影会创办人是冯武越。冯武越，名启缪，广东番禺人。因其父任职墨西哥公使，所以他自幼随行游学海外，16岁那年赴法留学，又到比利时、瑞士学习航空机械及无线电等，学成后遍游欧美考察，深得西方人文艺术、先进思想的滋养。1921年，冯武越回国，后任东北航空署总务处第五科监察兼撰述。

20世纪20年代，摄影技术与铜版印刷技术相得益彰，照片被不断应用于报刊出版中，诞生了一大批画报。1926年7月7日，冯武越在天津创办了《北洋画报》，该报以"传播时事、提倡艺术、灌输常识"为宗旨，迅速发展起来。

为了传扬中华文化，推广摄影术，促进照相业的繁荣，冯武越以《北洋画报》为依托，组建了北洋摄影会，并出任总干事，全权负责摄影会的各项工作。在冯武越的积极倡导下，北洋摄影会

北洋摄影会徽标

倡导正直平等，摒弃论资排辈的现象，主张共同进步。会员入会前要向组织者提交一些作品，审查通过后方能入会，入会需缴纳会费。

创会伊始，在庆贺《北洋画报》创刊一周年之际，北洋摄影会即隆重发起摄影大赛活动。活动专门成立了审查委员会，应征作品源源不断而来，审查委员会评选出 28 幅作品。报社先挑选出部分优秀作品刊发，附有照片说明与评委点评。

1927 年 8 月 4 日至 11 日，作品预展在天津大华饭店举办，以利民众欣赏，选票印在报纸上进行公选，为确保公正，要求投票人填好后须加盖个人印章。1927 年 9 月 3 日结果公布，选出甲等奖 3 名、乙等奖 6 名、丙等奖 10 名。获甲等奖的作品为北京孙仲宽的《寒溪》，天津抢小赞的《双影》、王遒泗的《笑与哭》，奖品为柯达牌照相机一台。在公布结果的同时，报纸上发出消息："摄影会不日着手组织，凡曾有照片预选者，一律邀请入会，此会即拟定名为北洋摄影会。"

在冯武越的推动下，北洋摄影会很快吸引了包括谭林北、叶庸方、王小隐、吴秋尘、周瑟夫、冯至海、魏守忠等一批业界闻人、文化名流的参与。在冯武越的操持下，摄影会陆续开展的活动有声有色。比如 1928 年 7 月 6 日至 12 日，摄影会在天津中原公司三楼光学部举办了第二次美术摄影展，观众络绎不绝。其中的大部分作品发表在《北洋画报》上。展览原计划还要到北京举行，后因场地及天气原因未能成行。1929 年 3 月末，摄影会又精印出版了《北洋摄影会年鉴》，收录两次影展佳作 60 余幅。

THE PEI-YANG PICTORIAL NEWS, TIENTSIN.

Actress Feng Su-Lien in stage attire.

《北洋画报》注重精美艺术照片的刊发

在冯武越的理念中,北洋摄影会作为《北洋画报》的"自耕田",当然要为自家报纸服务好。画报上经常刊有署"北洋摄影会供稿""北洋摄影会战地摄影""北洋摄影会新闻部特摄"等字样的照片。会员拍摄的照片使《北洋画报》版面中图片所占比例越来越大,报相日趋美观。再有,照片比手绘图画刊发起来更快捷,无疑增强了新闻的时效性,大受读者欢迎。

天津《北洋画报》创刊后销量持续稳定上升,至1937年7月29日停刊,共出版1587期,刊载各类照片2万余帧,堪称北派摄影画报的代表,与上海《良友》画报构筑起中国现代画报的南北双峰,冯武越与北洋摄影会功不可没。

最后有一个问题值得注意。在后世的中国摄影史研究中,当年大名鼎鼎的北洋摄影会却较少被关注提及,综合分析起来有几点原因:其一,会员与报社间大多靠书信往来,常常是单线联系,会员彼此之间联系不多,往往是只闻其名不见其人,互动较少。其二,摄影会是为《北洋画报》服务的,摄影活动的商业性质凸显,会员更多的是参与,发声的机会不多。而其他城市的一些摄影会属于民间性质,会员也是影友,摄影会活动为大家自行组织,更有益于交流。

谭林北：经营同生照相馆

说老天津照相业与摄影生活，不能不提及同生照相馆。其老板是广东人谭景堂，他早在光绪年间就于上海开设了照相馆，宣统元年(1909)应邀进京为朝廷拍照，受到赞誉。辛亥革命以后，谭景堂迁往北京发展，以肖像摄影著称，"屡蒙公府及各部署招往摄影，故历任总统、总长、次长及名人各像无不网罗尽致"。20世纪20年代中期，北平同生照相馆在天津报刊不断刊发广告，以"华北第一精妙技术"为标榜，将触角伸向天津。1930年前后，同生照相馆落户天津并迅速发展，宣称"弧光摄影，美丽绝伦，艺术精妙，社会欢迎"。

同生照相馆在天津的事务主要由谭林北来管理。

同生号位于东马路东南角，也称为总号。1930年冬天，天津同生照相馆、北平同生照相馆、天津鼎章照相馆这三家名店的广告，时常出现在《北洋画报》的第二版或第三版上，其竞争之激烈可见一斑。

为了多印行图片(相片)争取收益，同生号不久又在海河畔法租界葛公使路(今滨江道)马家口开办了同生美术照相部。名伶玉照是同生美术部的一大特色，比如孟小冬在1934年就于此留下过倩影。另外，同生美术部曾与一位珍藏有全套"戏箱"的人士合作，对外出租戏服供人摄影，这一举措吸引了不少戏迷票友前来拍

同生照相馆老广告

照。同生照相馆还拍摄了许多时事与风光照片对外发售,对天津风物与民俗进行了真实记录。

1934年9月间,同生号在广告中有这样一行温情的文字:"送给亲友一张不美的相片,那是多不聪明,最好是到天津法租界同生美术照相部照一张美术的。"该广告的亲和力自不待言,从中亦可见当年时尚生活的流行线索。1936年春节来临之际,同生照相馆还推出"赠送四倍放大一张"的优惠活动。

说起谭林北,他与《北洋画报》还有一段往事。1933年初,《北洋画报》创办人冯武越鉴于时局及家庭之变故,忍痛将《北洋画报》卖给了谭林北。谭林北是个精明的商人,加之有良好的照相技术作为支撑,他接手《北洋画报》后更加注重采用照片,特别是新闻照片、明星照片,力争与读者关注的话题同步,紧跟流行,可谓"新旧兼采,中西并用,天下之美,网于一报。"

刘文斌:在电台播广告"卖药"

京东大鼓一代宗师刘文斌 28 岁进津谋生,很快唱红。当时的广播电台大都为私人开设,电台开播之前常会由演员播上一段商品广告。比如刘文斌就曾在仁昌台、中华台演唱时播报过广告:"调经养血,一元钱;咳嗽除根,一世福;小儿安宁,一家乐。"刘文斌还在电台节目中介绍过天津东马路一家药店售卖生乳灵的广告。这些广告被刘文斌播报得有声有色,他的听众如云,广告效果自然显著。

刘文斌播报的药品"一元钱"与"一世福"广告

有鉴于此,电台之间为赢得广告客商和听众,曾为买断刘文斌的演播权产生过矛盾。中华台开出高于仁昌台几倍的报酬,请刘文斌独家演播节目与广告,但以信义为重的刘文斌婉言谢绝了中华台的好意,坚持在两台同时演出。然而,中华台勾结帮派势力给刘文斌发出一封画有匕首的恐吓信,扬言要杀掉他。两家电台的争斗日趋激烈,因为谁都晓得广告播出对于彼此的重要性。这样一来,无处可演的刘文斌只好请延寿堂的老板出面协调,上下说合,才平息了事端,刘文斌才得以继续在两台同时服务。

张伯驹：与天津文化界多有往来

张伯驹是我国著名的诗词学家、书画家、戏剧家和文物收藏家，祖籍河南项城。张伯驹的生父张锦芳在清末曾任度支部郎中，入民国后任众议院议员等职。张伯驹6岁时过继给伯父张镇芳。张镇芳为清光绪十八年（1892）进士，后深得直隶总督兼北洋大臣袁世凯器重，历任银元局会办、直隶差委总办、天津河间兵备道、长芦盐运使等职，光绪三十三年（1907），张镇芳官至从一品代署直隶总督。张伯驹在光绪三十一年（1905）随张镇芳移居天津，在家塾中勤勉读书。

少年在津求学看戏

张伯驹自年少就喜好京剧，七八岁时即到天津下天仙茶园（后和平路人民剧场旧址）等处观剧，京剧的魅力和津地浓厚的文化艺术氛围熏陶并感染着他。宣统三年（1911），张伯驹就读于天津新学书院（后第十七中学前身），与袁世凯之子克瑞、克权等同窗。他们在中午放学后经常到国民饭店对面的严范孙家的别墅用餐，严范孙有时会来看视并加以训勉，这对张伯驹日后的发展产生了重要影响。辛亥武昌起义爆发后，张伯驹被送回项城。

张伯驹于1918年来到由张镇芳任董事长的北京盐业银行工作，

青年时代的张伯驹

1925 年出任常务董事、总稽核之职，经常往来于北京、天津、上海、南京等地的总行、分行之间。正是在这一时期，30 岁的张伯驹从收藏康熙皇帝御笔"丛碧山房"横幅开始，潜心研究中国历代书画，并致力于词作和京剧艺术。此间，张伯驹在天津购得了末代皇帝溥仪出让的宋代米友仁的《姚山秋霁图》等古代书画精品。

张伯驹在文化艺术领域造诣精深，但在"文革"之始便遭到迫害和诬陷，备受摧残，下放吉林。张伯驹 1970 年回到北京，直至 1978 年才被平反恢复名誉。

与师友谈艺唱和

笔者曾得见 1975 年张伯驹在天津所作的《李氏园看海棠》（四首）诗词手迹原件，鸟羽体秀雅超然，字里行间承载着张伯驹与天津的深厚情谊。笔者也就此走访过天津文化名宿张牧石。

作为著名词家，张伯驹之词专攻北宋，格调高古。1950 年 8 月，他在北京主持成立了庚寅词社，由此与天津梦碧词社往来唱和，交流频繁，与天津文化名流吴玉如、寇梦碧、张牧石过从甚密。张牧石说："先生和我是三十多年的忘年交，尤其是后二十年他和我的交往可以说是最密切的。"这一点在天津文史馆馆员丛鸿逵的回忆文字中也可见一斑："他看牧石天资颖慧，对词苦心钻研，颇为器重。牧石因识张老博见广闻，故以师事之。"张伯驹对张牧石金石技艺也格外青睐，张牧石曾为张伯驹刻制了大量印章，特别是他晚年常用的葫芦形"京兆"印和"平复堂"印，就出自张牧石之手。

自 20 世纪 50 年代中期，每到海棠花开的时节，张伯驹必来天津李氏园（即人民公园）赏花。进入 70 年代，张伯驹虽然尚处困境，但年年必到天津看海棠，张伯驹大多住在张牧石家，津门诗词界、书画界、戏曲界的朋友常常在此与张伯驹聚会谈艺。据张牧石回忆："谈艺之余，大家多求张先生书画留念，他是有求必应，有的求画梅兰竹菊或其他文人画，有的求以自己名字作的联语。这样，天津留下了不少张伯驹的书画作品。"

白天,大家到人民公园看海棠;到西沽看桃花,其间词作良多;晚间,张伯驹又约上寇梦碧、陈机峰、张牧石、孙正刚等一起打"诗钟"。

诗钟是一种传统的文人游戏,清代嘉庆、道光年间兴起于福州。玩法是先设一个铜盘,上悬一线挂铜钱,再横置一炷香,待香烧到线断,铜钱掉在铜盘上发出响声犹如钟声,故曰"诗钟"。数名文人做此游戏,先各自取一个小纸条,在纸条中写一个字,然后将所写的字条团成纸团。游戏时每人随意抓上两个,打开字条按照上面的两个字,约定用这两个字嵌在第几个字而成为一副七言对联,时间限在铜盘响声。

张牧石介绍:"在我家作诗钟就不准备铜钱、铜盘、香火,以友人吸烟在纸烟横处用墨笔划一线,待吸烟到墨线为时限,未成联的人要罚酒。"这种需要博学与才情的文人游戏,成为张伯驹与天津词人的一大乐事,年久所作诗钟数以千计,后来结集有《七二钟声》传世。

《李氏园看海棠》真实记录了张伯驹的往昔情怀,兹录如下:

其一:离乡同是在天涯,都转署中带雨斜,七十年来犹故我,天留老眼更看花。

其二:占取韶华一段春,流脂濯锦向红尘,吹来为有东风便,每到芳时忆故人。

其三:萃锦展春梦已残,东风犹自倚阑干,石家金屋今何在,剩与寻常百姓看。

其四:红颜一代劫中身,怕向余年看到春,莫把无诗怨工部,风流尽有后来人。

笔者还曾见一帧张伯驹20世纪70年代在人民公园的留影。照片中有王雪波(戏剧作家)、从鸿逵、张牧石、张静怡(张牧石夫人)等

90

文人雅士,陪同张伯驹站在花枝繁茂的海棠树前,居中的张伯驹拄着拐杖,笑得是那么畅然。

他来津时,津地许多收藏家也常请张伯驹鉴定书画作品。逢此,张伯驹胸有成竹,只稍稍一看就能辨真伪。据从鸿逵在回忆文章中称:"只用数十分钟就能鉴定20多幅。"张伯驹曾对天津友人认真地说:"其实名家字画很容易鉴别真伪,要鉴别必须看过真品,看得越多越有经验。"他慧眼识金,在天津文物界与书画界享有极高的声誉。

张伯驹与天津友人在人民公园看海棠

刘云若：与广告社结缘

20世纪20年代末,通俗小说家刘云若已蜚声天津文坛,他先后供职《北洋画报》《商报画刊》,写杂文,做编辑,办副刊,当主编,皆有声有色。1930年,刘云若的老友沙大风力邀他到《天风报》主持副刊,并诚请这位才俊撰写小说。这正与刘云若欲在通俗小说方面有所建树的想法不谋而合,刘云若随即开始了《春风回梦记》的创作,并在《天风报》连载。这部被作者自称为"仅以游戏出之"的长篇社会言情小说,问世以来备受读者欢迎,读者翘首以待的程度甚至与"霸主"张恨水之作不相上下。

刘云若在天津留影

当时的天津市场经济发达,商业理念不断进步,广告公司经营活跃。有的公司在经营主业的同时也兼营印刷出版,以迎合城市文化的需求,大陆广告社便是其中之一。

广告人的目光常常具有前瞻性。或许大陆广告社的老板华延九就是刘云若的"粉丝",云若大名与炙热"春风"让他洞察到了市场效益。1931年4月,《春风回梦记》(上下两册)由大陆广告社隆重推出,这是刘云若第一部正式出版的小说单行本。事先,大陆社做了悉心策划,早在1月便发出广告,称该小说"如温犀禹鼎,烛物无遁形,学士大夫与贩夫走卒同为刺激感动。"尤应提及的是,《春风回梦记》连载后期因故中断,此次出版前在华延九的敦请下,刘云若写完了后续的几万字,所以预告宣传特别说到,要求续写之函"在数千封以上"。

1931年版《天津志略》中刊有6家广告公司的名称,大陆广告社便是其中之一:"地址:日租界旭街;主办人:华延九;成立于一九二五年。"旭街即今和平路。另据1937年初出版的天津电话号码簿显示,大陆广告社的地址是"海大道58号A","电话:32940"。海大道为旧英、法租界的繁华要道,今大沽北路。综合其他线索

人民文学出版社1989年版《春风回梦记》书影

分析,该社大体位于大沽北路与哈尔滨道交口附近。另外,大陆社的经理华延九当年在天津文化界、商界均小有知名度,他曾在1937年9月与名报人张圭颖合作复刊了《银线画报》。

《春风回梦记》的出版,让刘云若旋即成为京津炙手可热的作家,随后,他便一发不可收,接连完成了《旧巷斜阳》《小扬州志》《红杏出墙记》等约50部作品,终成一代大家。

《春风回梦记》的热销也让大陆广告社在收益上尝到甜头,加之后来抗战期间广告经营不振,大陆社改组为大陆印刷局。1938年7月,该公司成功出版了戴尔·卡耐基的《处世奇术》,上市不足两月便告脱销,复再版。此书是目前所知国内最早的卡耐基著作的中文译本。1940年,大陆印刷局还印行过著名报人吴云心的《大侠别传》等。

刘髯公：办平民化的报纸

刘髯公是天津著名爱国报人，1924年创办了《新天津报》，在短短13年时间里，新天津报社拥有《新天津报》《新天津晚报》《新天津晓报》《文艺报》《新天津画报》《新人月刊》等6种报刊，并有一家私人电台成为一家报业集团。

《新天津报》偏重社会新闻，不断刊登短小精悍的评论文章，以"平民化、敢说话"而著称，这在同类小报中是不多见的。所刊文艺作品也注重通俗可读，首创了"评书上报"，满足了一般知识分子的阅读需要，《新天津报》曾以整版篇幅连载《三侠剑》等精彩故事，受到读者的普遍欢迎。

2015年9月，刘髯公曾孙刘礼宾曾接受《今晚报》记者采访，《笔尖上的抗战》一文较为详细地介绍了刘髯公的办报经过，特别讲述了在抗战时期，刘髯公弃武从文，不惧权势为民发声，后身陷囹圄，以身报国刚毅不屈的动人故事。

刘髯公

据刘礼宾介绍，刘髯公自幼家境贫寒，但特别喜爱英雄义士的传奇故事，把精忠报国作为自己最大的梦想。20世纪20年代以后，报纸在老百姓中产生了一定影响力。刘髯公和另一位志同道合的朋友段松坡出于工作需要，常跟新闻界接触，时间久了，他们就萌动了自己办报为民发声的念头，1924年，刘髯公、段松坡找到号称"北方才子"的薛月楼,三人一拍即合联合办报。刘髯公和段松坡凑了1万元,薛月楼入干股。当时,刘髯公还在海大道开了一个明星自行车行,他把自行车行也作为添加股加进来了,然后腾出了几间房子做最早的《新天津》报编辑部。《新天津》报创刊,刘髯公任社长。创刊伊始只印500份,后来影响力一点一点扩大,1930至1937年,《新天津》最高发行量达5万份。

从创刊开始,刘髯公就将《新天津报》定位为"平民化的报纸",既发表社论针砭时弊,又开创性地连载评书,风格很亲民,受到百姓喜爱。沦陷前的天津报业繁盛,除号称四大报的《大公报》《益世报》《庸报》《商报》外,在众多小报中影响最大的,非《新天津》与《新天津晚报》莫属。

《笔尖上的抗战》文中表述,"九一八"事变爆发,始终怀着精忠报国思想的刘髯公对日军的侵略行为恨之入骨,于是以笔当枪,在报纸上痛骂日军,呼吁民众抗日。刘髯公常在《新天津报》上著文,赞扬东北义勇军的抗日行动,歌颂抗日将领蒋光鼐,介绍宋哲元大刀队等。这个时候《新天津报》实际上已经处于跟日本侵略者死拼到底的一种状态。

1937年7月28日《新天津报》发出号外,宣布抗日停刊,避免沦陷后报纸成为日军的宣传工具。停刊后,刘髯公失去了公开声援抗日的渠道,转而投入难民的救助工作中去,并为此付出诸多努力。

由于《新天津报》在当时影响力很大,刘髯公在新闻和文化界地位很高,因此日军很想拉拢他出任伪治安维持会会长和社会局局长,并让《新天津报》复刊为日军做宣传。而这些都遭到了刘髯公的断然拒绝,因为刘髯公一直以来抗日态度都很坚决。于是,刘髯公成了日军的眼中钉、肉中刺。

1937年8月3日早晨,刘髯公乘车前往英租界,准备和友人商议为难民筹款的事情,车开到万国桥(今解放桥)等待检查时,被日本人扣留并押送到了日本宪兵队。日本人的目的就是迫使刘髯公复刊

《新天津报》，并为美化日本侵略做宣传。刘髯公断然拒绝日军的收买，抱定了必死的信念，他以咒骂回应敌人的要求。日方迫于刘髯公有很高的社会地位，不敢贸然处死他，但对他施以酷刑百般折磨。

其实，刘髯公和编辑部的同仁早就上了日军特务酒井隆的刺杀名单。刘礼宾介绍，酒井隆最后承认，暗杀这些编辑记者的动意从1934年就开始了，他们这些人早就在黑名单上了，只不过是行动又晚了几年。

最后，刘髯公家属为救他委曲求全，瞒着他写了复刊保证书，刘髯公才得以出狱。据刘礼宾讲："刘髯公回来以后，全身血肉模糊，因为他被扔在水牢里泡着，全身被打得血和衣服都粘到一起了，又臭又脏，血衣服是一点一点用温水给敷下来的，敷下来后，刘髯公的家人说："别扔，留着，一定让后人们记住这笔血债。"几个月后，终因受刑过重，正当壮年的刘髯公含恨离世。刘髯公至死都在不停地嘱咐家里人，万万不可以复刊，不能向侵略者屈服。

需要说明的是，在天津沦陷期间，有一份《新天津画报》，这张报纸与刘髯公无关。刘髯公生前主持的《新天津画报》办报时间并不长，在天津沦陷前停刊。

刘髯公的故居坐落在现天津河北区建国道与民族路交口，刘家和《新天津报》社是1932年前后迁到这里的。刘髯公还在这里成立了新闻函授学

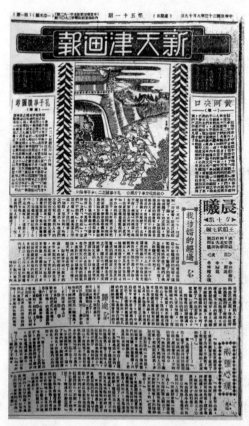

1934 年 8 月 19 日《新天津画报》

校,培养新闻人才。这座具有意大利建筑风格的二层连体楼房,始建于民国初期,为砖混结构,建筑面积2300多平方米,小楼外出檐柱走廊,红瓦坡顶,上面设有老虎窗,整体结构合理美观,气势不凡。楼内共有24个房间,其中的一些建筑细部和部分窗框、栏杆等构件装饰物等至今完好如初。刘髯公旧居也是天津市内唯一保存比较完整的近代知名报馆的旧址。

胡蝶:"圣功学堂"的往事

著名影星胡蝶的童年时代,与天津有着很深的缘分,她记忆中那严格的学堂教育,以及糖炒栗子、津味包子等细节,皆有故事。

清光绪三十四年(1908),胡蝶出生于上海,乳名宝娟。胡蝶3岁的时候,父亲胡少贡在北洋政府首任总理唐绍仪(其弟与胡少贡的姐姐结为夫妻)的提携下,出任京奉铁路总稽查,胡家的居所从此在京奉铁路一带辗转。1915年,因胡少贡工作调动,举家迁到天津。胡蝶晚年口述《胡蝶回忆录》,对童年在津的生活印象很深。

当时,胡蝶的堂妹胡珊、堂弟胡业培都住在她家,家里挺热闹。她与胡珊性格相近投缘,尽情玩耍很开心。此时的胡蝶已显露出擅思考擅演艺的天赋,她常随父亲到天津北站等铁路沿线走动,车站、路边小贩的叫卖声被她记在心里,学起来惟妙惟肖。有一天,她母亲正在厨房做饭,忽闻客厅传来小贩的声音:"又香又脆的天津鸭梨,一毛一个。"母亲以为小贩跑进家里,赶忙走去一看,才发现原来是女儿在模仿呢。

眼看胡蝶、胡珊都到了上学的年龄,思想开明的胡少贡认为,无论男孩女孩都应得到受教育的机会,他为姊妹二人选择了天主教会女子学校——圣功学堂读书。

民国初年,天津大兴办学新风。圣功学堂创建于1914年,"圣功"二字源于《易经》"蒙以养正,圣功也"。开始,学校在小白楼义庆里(今南京路与徐州道交口)租屋开课,1915年秋迁到英租界海大道(今大沽北路)美以美会旧址,1916年又辗转至法租界26号路(福煦将军路,今滨江道),即后来的劝业场小学所在位置。胡蝶入学时,圣功学堂刚刚迁到法租界,当时的校舍占地约两亩,校院中间是操场,有 8 间普通教室和 1 间音乐教室,虽然教室里挂着十字架,但不强迫学生读圣经、做礼拜。胡蝶入学后,正式取名胡瑞华。在以后 50 多年的生活中,这个名字从没改过,她的亲朋好友也习惯称她"瑞华"。直到胡蝶晚年定居加拿大温哥华后,才改名为潘宝娟。

圣功学校的女学生

胡蝶、胡珊在校时,圣功学堂的校长是夏景如,校训是"温、良、恭、俭",想必她俩是不会忘记的。胡蝶在回忆录中说:"圣功学堂是天主教学校,校规很严,白衬衫,黑裙子,上课都得规规矩矩。"各班教室屋门上都设有小窗户,在胡蝶的记忆里,上课期间,夏校长经常在过道巡视,透过小窗观察老师讲课与学生听课的情况。她要求极为严格,若发现老师授课不认真会严肃批评;发现学生上课不注意听讲,常会在下课后将其叫到校长室训斥。校规虽严,但闲暇时光还是快乐的。下课了,姊妹俩常像飞出笼的鸟儿一样快活。据胡蝶的文字描述,她和胡珊"踢毽子、跳绳,玩够了,一个铜板买一个肉包子或是买一大堆糖炒栗子,再花一个铜板就可以叫辆黄包车回家。"

想当年能进入圣功学堂读书是不容易的。胡蝶在此接受了正规的新式教育,为她的文化启蒙及日后走红影坛打下了基础。胡蝶在津期间家中还经历了一件大事。自胡蝶出生后,她的母亲再没生育,鉴于"不孝有三,无后为大"的旧观念,在她母亲的坚持下,其父纳了妾。

1916 年,胡少贡辞去了那份不大不小的差事,胡蝶也只好告别津城南下广州了。1924 年,胡蝶一家回到上海,她在当年考取了中华电影学校,并改名"胡蝶",从此走上了演艺之路。

张爱玲·津门六年好时光

张爱玲祖籍河北丰润,张家是当地的名门望族,清末以来出了几位显要人物,如两广总督张人骏、大清银行总监督张允言、民国交通总长张志潭等,他们都与天津关系密切,并在津城置地客居。张爱玲2岁时,她的父亲张志沂通过张志潭的关系,在津浦铁路担任了英文秘书一职,1923年,3岁的张爱玲随全家从上海迁来天津。

夏天的记忆

张爱玲住在天津"英租界一个宽敞的花园洋房里",她在《私语》

张爱玲与弟弟在天津寓所前合影

中回忆是"英租界32号路61号",而其弟张子静在《我的姊姊张爱玲》一书则说是"英租界31号路61号"。原32号路(营口道至徐州道一段)曾与现今的南京路平行,南京路扩宽时并入南京路,原31号路是如今的睦南道。有一帧张爱玲儿时在天津的照片很珍贵,她抱着洋娃娃好生可爱,后边的背景大致就是座洋房,门口的格局也非常清晰。据文史专家杜鱼勘察、考证,今赤峰道83号"非常接近"张爱玲在津的旧居。

张爱玲回忆,她家院子里有秋

千架,有一次荡秋千荡到最高处时翻了过去。后院里还养着鸡。张爱玲对儿时天津的夏天记忆犹新,她穿着白底红色挑花纱质短衫和红裤子,坐在板凳上,喝完满满一碗淡绿色的涩而微甜的"六一散",看一本谜语书时唱出来:"小小狗,走一步,咬一口。"(谜底剪刀)她家天井下架着个青石砧,有个瘦小清秀、通文墨的男子,时常用毛笔蘸水在那上面练习写大字,还讲《三国演义》给张爱玲听。少年张爱玲对他很有好感。

馋涎欲滴的滋味

张爱玲后来在散文《谈吃与画饼充饥》中回忆:"小时候在天津常吃鸭舌小萝卜汤,学会了咬住鸭舌头根上的一只小扁骨头,往外一抽抽出来,像拔鞋拔。与豆大的鸭脑子比起来,鸭子真是长舌妇,怪不得它们个矮声高,'嘎嘎嘎嘎'叫得那么响。汤里的鸭舌头淡白色,非常清腴嫩滑,到了上海就没见过这样菜。"对鸭舌小萝卜汤,张爱玲用了"馋涎欲滴"来大加赞美。

她在天津度过了近六年的美好时光,1928年回到上海后,张爱玲曾给天津的一个小伙伴写信,信中说到她的沪上新家,还特意描绘了一番。

40年代末,天津起士林在上海分设咖啡馆,浓浓的天津情结让张爱玲成了那里的常客。1950年,张爱玲搬到上海南京西路附近黄河路上的卡尔登公寓,她在这里完成了电影剧本《不了情》《太太万岁》和小说《十八春》等。张爱玲后来回忆:"在上海我们家隔壁就是战时天津新搬来的起士林咖啡馆,每天黎明制面包,拉起嗅觉的警报,一股喷香的浩然之气破空而来……"天津的咖啡与面包想必为张爱玲的笔端注入了灵感。

说炎樱的天津母亲

张爱玲有个情同手足的知己,二人曾是大学同窗,她曾见证了张爱玲与胡兰成的婚礼,她与她的母亲曾给予张爱玲不少激发和灵感。她就是炎樱(1920—1997)。关于炎樱,张爱玲留下了不少描述,散见于《烬余录》《双声》《炎樱语录》《吉利》《对照记》《气短情长及其他》等文字中。

其实,"炎樱"这个中文名字是张爱玲给起的,她本姓摩希甸,名法提玛。晚年的张爱玲回顾自己的一生,遂有了《对照记》,其中涉及到的至亲好友并不多,入选者皆可谓她心底最爱的人。书中称,炎樱的"父亲是阿拉伯裔锡兰人(今斯里兰卡)……母亲是天津人,为了与青年印侨结婚跟家里决裂,多年不来往"。在老上海,炎樱的家在成都路(南京西路口),她父亲在楼下开着间较有规模的珠宝店,店名就叫"摩希甸",招牌文字是中英文对照的。炎樱一家多从后门出入,宅居楼上。关于此,读者在《色·戒》中不难找到旧年的影子。

炎樱的母亲来自津城,她什么样? 张爱玲熟悉炎樱的家人,综合参照其文字,大致可为这位母亲画一简单素描:她中等身材,肤色还算白皙,常常穿着一身干净大方的中式衣裳,是旧上海常见的殷实人家的主妇。她举止大方,谈吐得体,办事利落,聪明能干,且将家庭打理得井井有条,氛围温暖,似乎透着天津卫女人骨子里特有的精气神。

当年,炎樱的母亲思想开明,特别是对爱情的追求,更赢得了张爱玲的欣赏。张爱玲认为,炎樱的母亲嫁给那个锡兰人是一种真挚的追求,称得上是毅然嫁给了爱情,如若不然也将会重复像炎樱的大姨妈那样黯然失色的命运。张爱玲曾描述:"炎樱的大姨妈住在南京,我到他们家去过,也就是个典型的守旧的北方人家。"但是,炎樱的母亲向宿命发起挑战,以真心寻求真爱并诞下爱的结晶。炎樱母亲所拥有的追求自我、勇于挑战的品格,也在其女儿身上一脉相传。好友炎樱及母亲对张爱玲潜移默化地有所影响。

这位天津妈妈教子有方,也是令张爱玲倍加敬慕的。相比张爱玲的童年,炎樱是安稳的、幸运的,思维立体,情感饱满,整个身心又比较完整。按张爱玲的表述,炎樱的思想未经训练与奴化,其原生态的感性、健全的理性是让人喜欢的,不像自己曾历经支离破碎的情感。

张爱玲认为炎樱斯文,是个"小姐",属于仕女那一类型的,即得益于她妈妈的"淑女化"的教导。有时,炎樱爱纵情大笑,张爱玲觉得这一点是炎樱忘了母亲的训导。还有一点细节也是关于炎樱与母亲的。张爱玲在《炎樱衣谱》中写道:"炎樱把她母亲的围巾拿了来,中间抽掉一排绒线,两边缝起来,做成个背心,下摆拖着排须,行走的时候微微波动,很有草裙舞的感觉。"

40 年代末,炎樱去了日本,此后,张爱玲便很少再提及这个闺蜜,偶有文字也是顾左右而言他,难免令读者徒生猜测。有学者撰写《被讳言的炎樱》一文中称:"在张爱玲的笔下,炎樱永远是一个没有前生,也没有后世的'女鬼',戛然而至,已无踪迹。张爱玲走了,炎樱也就彻底被张爱玲带进了坟墓,进入了一个永恒的沉默,苍凉的手势。张爱玲余生简言炎樱,堪比张爱玲简言胡兰成。"如此这般,炎樱的母亲姓甚名谁、居津何处、家族兴衰、等等一切,更随之成为待解之谜。

美食味道

林墨青:真素楼倡导新民风

素菜、素席是天津饮食文化的重要组成部分,清代中后期的天津,以大胡同真素楼、藏素园等为代表的素席、素菜已经很有名气了。

光绪三十二年(1906),在天津著名教育家林墨青的倡议下,真素楼选址大胡同中间坐西朝东的门面开业,经理是张雨田。"真素"二字援引《世说新语》中"亦缘其性真素"之句。

光绪二十六年(1900),林墨青亲身经历庚子之难,深切感受到兴办新式教育、开启民智的重要性,于是,与著名教育家严修等社会名流一起在天津兴办教育公益事业,光绪二十九年(1903)二月,他创办了民立第一两等小学堂。从此,林墨青历经数年艰苦努力,终于将旧城区的16所寺庙改成官立小学堂,使学生们开始接受新式教育。由于创立新式学堂有功,林墨青受到社会各界的广泛赞誉与嘉奖……

真素楼的创办得到一些天津闻人的襄赞,著名教育家严修为字号题写了匾额。严修任翰林院编修、学部侍郎等职,声名显赫,他不仅是著名的教育家,也是著名的书法家,他给人题字很少收取润笔费,而且也经常不在天津,所以天津传世的严修匾额屈指可数(另有一个是"中原公司环球货品")。真素楼门口两侧还有著名书法家华世奎所书的楹联"味甘腴见真德性;数晨夕有素心人"。名人邓澄波也为真素楼题词:"真是六根清净;素无半点尘埃。"

素菜更能体现厨师的智慧与技艺。真素楼的素菜所用的原材料皆为天然植物性食品或其再制品,如五谷杂粮、新鲜蔬菜、各样菌菇等。真素楼的厨师有"素菜大王"的美誉,他们的菜品全部用小磨香油烹制,比如用发好的香菇、冬笋以及香菜等烹制出的炒鳝鱼丝,用山药烹制出的扣肉，用粉丝烹制的扒鱼翅，用豆腐烹制的扒鸡块，以及素仿的酱肉、扒肘子、海参、黄焖鸡、黄焖鸭条、红烧鱼、糖醋鱼等，乃至整桌的燕翅素席、鸭翅素席、海参素席等，色香味形皆可乱真。真素楼用黄豆芽菜制的雪白浓汤，较鸡、鸭高汤也更胜一筹。

真素楼声名鹊起，其实与当时林墨青等文化名流倡导的"开民智，陶民德"的新风尚也是相合的。1915年8月1日，林墨青创办了《社会教育星期报》，其宗旨为："培养旧有道德，增进普通知识，筹划贫民生计，矫正不良风俗。"1925年，林墨青在西北角筹建广智馆，并亲任馆长。广智馆是仿照济南广智院建立的，馆内陈列着天津土特产品、工农业生产程序、科学常识图解等，目的是宣传科技，提倡实业，改变社会陋习。真素楼一时成为文人墨客清谈论道的场所，以及佛教徒和佛门弟子用餐的上佳之所。

林墨青创办的天津广智馆

1933年下野后，靳云鹏和孙传芳共同出资，将南马路草厂庵胡同的清修院买下，改成佛教居士林。真素楼为了吸引更多的素食顾客，迁址到距居士林不远的南市经营。

因素菜的局限性，天津的素菜馆后来没有得到发展，至20世纪40年代相继衰落，所剩无几。

黎元洪：钟情西餐

　　黎元洪是叱咤民国的风云人物。他少年随父到天津北塘，清光绪十七年（1891）于北洋水师学堂毕业，后崭露头角，武昌起义时被推为鄂军都督，此后于 1916 年和 1922 年两次出任北洋政府大总统。1923年曹锟贿选，黎元洪下野。6 月，他回到天津寓居，过上了逍遥安逸的寓公生活。晚年的黎元洪在天津有几处房产、寓所，经常居处的一处在英租界巴克斯道与盛茂道（今河北路与保定道）交口，购置时间是1914 年 7 月。另一处在德租界威廉街（又名威尔逊路，今解放南路）的容安别墅（原建筑已无存，今泰达大厦址），于 1917 年 11 月购进。

　　袁世凯、黎元洪、冯国璋、徐世昌、曹锟，这几位曾在天津生活过的民国总统中，黎元洪西式生活可谓独树一帜，缘此他的寓公生活也最为多姿多彩。"退休"在津的黎元洪卸去政坛的包袱，加之开明的思想观念，他的日子过得格外轻松，除了投资实业、关注教育外，他喜欢吃西餐、办宴会、写书法、骑马、打网球等，好不惬意。

穿西装的黎元洪

　　黎元洪喜欢穿西服和制服是出了名的，他对西餐更可谓情有独钟，特别是辛亥革命以后，他一日三餐大多要吃西餐。这位大总统认为吃西餐比较卫生，而中餐用筷子反复在盘子里夹菜，易传播疾病。尤其是晚年，黎元洪患有高血压和糖尿病，医生建议他多吃西餐中的蔬菜和鱼,可控制油、糖、脂肪的摄入,利于健康。黎元洪家中分别设有中餐厨房与西餐厨房,桌椅、餐具也区别各异。黎元洪吃西餐,其夫人吃素,则另开一桌中餐,孩子们也在中西餐之间任意选择。正所谓一家两制,自得其乐。

即便是隐居天津做寓公,黎氏府上也照样是中外宾客如云,高朋满座。黎元洪热情好客,常常以西式美食款待。德租界容安别墅的一楼、英租界寓所的中楼(又名鸳鸯楼),皆为招待宾客所用。美国钢笔大王派克、美国木材大王罗伯特·大来(曾在津开办知名的大来木行)、英国报业巨子北岩公爵等,都曾品尝过黎府的西餐。

到了圣诞节、新年,黎元洪也常在家中用西餐宴请中外人士。宴会前,黎元洪依西方习惯会发出正式的英文请帖(日本客人用中文),并请对方答复。由于天津寓所的客厅、饭厅不可能同时容纳太多的朋友,所以他便按计划分期分界别或国籍宴请客人。有时,因为宴请的人员过多,黎家便同时安排在上述两处寓所同时开席,黎元洪则不辞辛劳来回穿梭应酬。黎元洪讲究礼节,出席宴会必穿礼服迎客。餐桌上要按规矩摆好菜单,菜品虽为西式,但也常用鸽蛋汤或鱼翅汤等精致中餐为客人调剂口味。不仅是美食,每逢节日,黎元洪也常在英租界寓所的私家戏楼举行时尚舞会,焰火相伴,喜气洋洋。戏楼楼上特备西式冷餐、饮料等,来宾可尽兴品饮。据黎元洪长女黎绍芬在《中华文史资料文库》撰文回忆,20世纪20年代中期,"世界青年会来津时,约共2000人之多,我父不仅热情招待,而且还准备了茶点,每人一份"。

又据黎元洪之孙黎昌晋回忆(2010年10月11日《楚天都市报》),其父黎绍业是黎元洪的次子,喜欢五颜六色的西餐,和黎元洪同桌吃饭的机会多。黎绍业偶尔也会跑到母亲的桌边撒撒娇,这时候,母亲就会拿个勺子给他喂一口米饭,"年幼的黎绍业觉得,即使不吃菜,米饭在嘴巴里慢慢嚼,也能嚼出甜甜的滋味"。

丁伯钰：大少爷卖糖堆儿

老天津北门外南运河畔有钞关，又称"常关""大关"，是收税的地方。钞关设有税房和银房两个机构，税房收上来的银两，大宗的由银房化制成元宝上缴国库，剩下的零碎银子自然归了在此管事的丁家。丁家祖籍浙江绍兴，随燕王扫北来到了天津。丁家人经常接触官家，一来二去家里有人就在天津钞关谋得了收税的差事，且有了皇上的"龙票"，且几代世袭。

津城骑自行车第一人

丁伯钰出生于清同治十二年(1873)，自幼锦衣玉食，接手钞关那年才16岁。那时候外国人刚刚发明了自行车，进口到中国的寥寥无几，价钱不菲。丁伯钰有用不完的银子，喜欢上了这凤毛麟角般的鲜儿。买！他舍下八抬大轿不坐，骑上自行车在城里城外兜风，人们纷纷惊羡叫绝，他成为天津城第一个骑自行车的人。春风得意的丁少爷也没忘老街旧邻。城厢当时还没有路灯，丁伯钰每天

丁伯钰

晚上散差回家虽然是坐轿子，但深一脚浅一脚很不方便。于是，丁伯钰自己掏钱买来上好的进口煤油，在往来的路上安装了煤油灯照明，同时也方便百姓。李鸿章很快知道了此事，欣喜之余特别奏请朝廷，为丁伯钰的善举请赏，一时间传为佳话。

大少爷蘸糖堆儿

天津有句俗话:五更吃串山里红,人到老了不受穷。天津卫的老老少少没有没吃过红果大糖堆儿的,它酸甜适口,消食开胃,早在清末民初就成了春节时晚辈们必备的,送给"难伺候"的姑奶奶们。天津人讲究吃,就这不起眼的糖堆儿,口味也大有讲究,要吃到北门外丁伯钰蘸的才叫美到家,若送礼必须是丁大少爷做的才有面子。"丁伯钰"大名堪称老天津糖堆儿最响亮、最叫绝的名牌。

从小对吃食就爱刨根问底的"丁少"也爱吃糖堆儿,串胡同卖的、摆摊卖的,他吃遍了多半个天津城都觉得不顺口。据丁氏族人丁幼龄后来回忆,一次偶然的机会,老北京九龙斋一位姓王的老爷子蘸的糖葫芦让丁伯钰叫了绝,竟然让这位少爷到了几天不吃就夜不能寐的地步。丁伯钰一打听才知道,原来王老爷子曾在御膳房当过差,制作点心糖果小吃无一不精,蘸出来的糖堆儿当然有名堂了。于是,丁伯钰花大价钱把老爷子请到天津,请进丁家客厅,让老爷子表演蘸糖堆儿的手艺。从选果到最后吃到嘴里品滋味,丁少爷将所有的细节领会得一丝不苟,牢记在心,而且自己还尝试着蘸上几串,图个乐子。

天有不测风云,1900年庚子战乱,天津钞关被裁撤,丁伯钰家被抄,好端端的日子一下子全毁了。几乎穷困潦倒的丁伯钰却依旧保持着耿直的脾气秉性,不愿意受人接济,力求自食其力,于是用上了自己蘸糖堆儿的手艺。

虽然丁伯钰是在蜜罐里长大的,但他做事认真,操持这混饭吃的糖堆儿小买卖也有板有眼,他琢磨着要蘸、要卖就要地道、实在,因为卫嘴子们吃过见过,大少爷的身份更不能让街坊四邻笑话。

丁伯钰的糖堆儿自有特色。先说红果,丁伯钰将天津蓟县的北果、河北涿县的东果、山东济南的南果等一一尝遍,哪的果子好用哪儿的,不怕贵。他亲自过手挑选果子,伤皮的、有虫的、个小的一概不要。为了给红果剔核,他还专门做了一把小刀子。丁伯钰蘸糖堆儿选

112

用冰花糖，而且是从老字号买来的进口糖，熬糖的时候还要加入糖稀。熬糖的火候最关键，先旺火后文火，熬的过程中他聚精会神，不许家里人多说话，以免分散精力导致糖熬过火。只有火候精准，蘸出来的糖堆儿才有口感、不粘牙。丁伯钰的糖堆儿掉在地上不沾土，放在羊皮袄上不沾毛，如此品质不是一般卖糖堆儿的都能做到的。

丁伯钰做的夹馅（什锦）糖堆儿也很有特色。煮豆馅用优质豆，不掺杂豆。馅中一比一加红糖，再加玫瑰酱、桂花酱等，不惜成本。红果填上馅后还要在豆馅上摆核桃仁、瓜条、京糕，要摆成蝴蝶形、花灯形，煞是好看。丁伯钰在什锦糖堆儿上还附加一个金桔饼，以丰富口感。他的薰枣糖堆儿、海棠果糖堆儿、琥珀核桃仁糖堆儿等，也相当有名。

别小看落魄的丁伯钰卖糖堆儿，人家往日大少爷的架子可不倒，定量制作，精益求精，也不接受订货。过大年期间，天津人向往红红火火的日子，更讲究吃糖堆儿、给姑奶奶送糖堆儿。这日子，丁伯钰也格外有兴致，会蘸些"老虎头"糖堆儿应时景。所谓"老虎头"是把苹果切开，在切面上抹豆馅，再配以瓜条、京糕、核桃仁等小料，摆成老虎脸的样子，虎眼是用葡萄点缀的，活灵活现。

丁伯钰只在晚间挎提盒走街串卖，传说他卖糖堆儿时穿着始终很讲究，干净飒利，走起路来也步伐矫健。后来，丁伯钰还雇人提挑子，他在一旁拿着掸子，潇洒自得，真有些阔少爷的样子。他常去的地方是针市街、估衣街、大胡同一带，每天晚上8点前后，一准从估衣街西口进来，到商号门口把提盒往台阶上一放，只吆喝一声"堆儿——"因为是优中选精的真材实料，所以他的糖堆儿价格也比一般的要高。丁伯钰的小买卖不强求，如果没人应，接着走下一家，不掉价，不愁卖。

丁伯钰以绝活手艺卖了20多年的糖堆儿，一直供不应求，民国年间天津流传的竹枝词说道："人参果即落花生，丁氏糖堆久得名；咏物拈来好诗句，东门之栗本天成。"丁少爷糖堆儿不仅红遍了天津的大街小巷，在北京、唐山也有传名。特别是他在中老年不贪图安逸、自食其力的生活品格，更为百姓所称道。

玛瑙野鸭

天津人对吃食实在是讲究,甚至到了挑剔的地步,俗话"宁吃飞禽一口,不吃走兽半斤"便能说明一二。早在清代,野鸭就是著名的禽类八珍之一,擅长烹制大小飞禽更为津菜特色。周楚良在《津门竹枝词》中说:"香味寻常是卤煮,何须玛瑙说时珍。"在作者心目中,秋天的野鸭肉质细嫩,滋味鲜美,只要稍稍烹制即足矣,没必要非做成玛瑙野鸭不可。

丁伯钰好美食,家厨烹制野鸭易如反掌,味道也不错,可他偏偏馋北门外十锦斋饭庄的玛瑙野鸭。

野鸭就分为巴儿鸭(绿翅鸭)、大红腿(绿头鸭)、尖尾、孤丁、鱼鸭等,品质上乘,常被老字号名店选用。十锦斋对食材要求细致,特用巴儿鸭或大红腿来烹制。

丁伯钰所吃的玛瑙野鸭,鸭肉切成棋子块炸至金黄色,然后炝锅加作料并添汤,再下鸭头、笋尖、木耳等,勾粉芡后再淋花椒油。关键是接下来的"玛瑙片",它其实是炸好的菱形豆皮,将一碗鸭块倒在尚存油温的豆皮上即成玛瑙野鸭。但十锦斋的这道菜更叫绝,上桌前在盛豆皮的盘子里加点热油,鸭块倒在上面"吱吱"作响,这让丁少爷啧啧称道。

关于丁伯钰,老天津名士林墨青在 1922 年撰有《丁伯钰君事略》。

荣庆：日记中说美食

荣庆是正黄旗人，在清末民初的政坛大名鼎鼎，他18岁入京，后中举人，曾任刑部尚书、礼部尚书、户部尚书、学部尚书、协办大学士、军机大臣等要职。辛亥革命后，荣庆举家寓居天津英租界。

《荣庆日记——一个晚清重臣的生活实录》详细记载了他在光绪四年(1878)到1916年的生活。荣庆是1912年"壬子兵变"次日来到天津的，他先在日租界居住，很快又到了英租界，与京津的前清遗老、达官显贵交往频繁，把酒酬酢。荣庆在日记中记载的他经常光顾的餐馆就有20多家，如鸿宾楼、锦江春、醉春园、聚乐园、三阳楼、

《荣庆日记——一个晚清重臣的生活实录》书影

阳明楼、正阳楼等，还有新开张的义和楼、东兴楼等。

荣庆生于四川成都，对川菜有特殊的感情。有一次他来到锦江春饭店用餐，这是一家地道的川味餐馆，他在日记中写道："味兼蜀吴，至为精美，且与铺长操蜀语问答，亦有趣也。"荣庆还在日记中说：源丰饭店"大有京门风味"，正阳楼、三阳楼的羊肉、面点也很著名。当时的天津西式餐饮方兴未艾，西餐在当时被称为"番菜"，时髦摩登，荣庆与友人也经常去吃西餐，享受时尚生活。

荣庆在天津的故居位于新华南路庆云里。民国初年，天津已有餐馆送餐到户的业务，荣庆为他三婶过生日时就在附近饭店预订酒席，饭店将整桌的酒席送到他家中。

张志潭：交通总长传授醋椒鱼厨艺

张志潭

张志潭是河北丰润人，1917年担任北洋政府内务部次长，随后在段祺瑞执政期间任国务院秘书长，1920年任陆军次长、内务总长，兼任赈务处督办，1921年任交通总长。皖系失败后，张志潭下台，于1922年住进天津英租界新加坡道（现大理道）上的一所英式小楼里，开始了寓公生活。

美食和京戏是张志潭的两大爱好，他在北京任职期间家中就有中餐、西餐厨师。梅兰芳、程砚秋、荀慧生、尚小云等名角都是张府的常客，张志潭一边听清唱，一边请他们吃鱼翅全席，宾主好不欢愉。张志潭特别喜欢鲁菜，来到天津后便成为鲁菜名馆登瀛楼饭庄的座上宾。登瀛楼后来得知张志潭的书法很精湛，于是便请他来题写匾额。源于对鲁菜感情，张志谭很爽快地答应了，唯一的要求便是将招待他的那桌酒席菜品的烹饪技法，原封不动地传授给他的三夫人，因为他的三夫人也很喜欢厨艺。张志潭与登瀛楼结下了友谊，他将以前在清宫中吃过的醋椒鱼的做法传给厨师，使之成为登瀛楼的招牌菜之一。

另外，曾任北洋政府副总统、代理大总统的直系军阀冯国璋下野后也来到天津，他见多识广，在其推荐并指导下，用北方很少采用的南方醅糟做配料的糟蒸鸭肝，也成为登瀛楼的名菜。1931年，张学良的弟弟张学铭在津任市长,他自幼喜欢美食,来到天津居住后把最漂亮的房间当作饭厅待客。张学铭在登瀛楼还举办过著名的帅府宴,菜单就是由他亲手制定的。

孙传芳:喜欢吃"果仁张"

孙传芳

光绪十一年(1885)孙传芳出生于山东,青少年时期从北洋陆军速成学堂选送到日本陆军士官学校学习,宣统元年(1909)毕业回国。1921年8月,在吴佩孚的推荐下,孙传芳开始担任陆军第二师师长,此后成为直系将领。孙传芳的军政生涯可谓跌宕起伏,1931年"九一八事变"后,孙传芳寓居天津,后成为居士,潜心向佛。

天津"果仁张"创始于道光十年(1830),创始人张明纯在清宫西膳房(御膳房分为东、西膳房)专做小吃。张明纯做的果仁小吃很叫绝,酥中有脆,脆中有香,香中有甜,甜而不腻,久存不绵软。

在天津的孙传芳有一天品尝到了"果仁张"的炸果仁,深觉美味,心中暗想,天津卫还会有这么香的小吃,便打听这吃食源于何处。据"果仁张"第三代传人张惠山的儿媳陈敬在《天津文史资料选辑》中回忆,当孙家厨师准备再去买的时候,不想却被孙传芳叫住了,想让这个厨师自己炸制。厨师熟知"果仁张"的大名,也自知没有那手艺,可只能硬着头皮炸制。不出所料,孙传芳一尝,果然是天壤之别。当孙传芳询问厨师时,厨师竟然误传了"果仁张"的用油。这下可惹恼了日常吃斋饭的孙传芳,盛怒之下派人将"果仁张"的当家人张惠山带到了孙府。面对不明不白的指责,张惠山镇定自若地说,"果仁张"是祖辈传的老字号，绝不会动荤，炸果仁用的都是素油（芝麻香油），若不信可以当场炸制。

很快，一盘果仁就炸好了，稍待晾凉，孙传芳再尝，果然与他先前吃的丝毫不差。旋即，孙传芳掏出枪来对着那个厨师大喝，说厨师害得他不仁不义，险些酿成大错，同时要当场枪毙了厨师。在张惠山的恳求和宽容下，这场风波才得以化解。同时，张惠山也吸取了经验，一度用起真素斋的字号名称，以表明"果仁张"的纯正品质。

马连良:在会芳楼吃扒海羊

　　老天津餐饮业兴盛，名店林立，根据菜系与习俗不同有八大成（津菜）、九大楼（或十二大楼，清真菜）、十大饭庄（鲁菜）的说法。这其中最有名的要数鸿宾楼、会芳楼、会宾楼等，以全羊大菜驰誉津门。

　　会芳楼位于人流熙攘的南市，清宣统三年(1911)石小川所编《天津指南》，羊肉馆条目中就有会芳楼的记载。1923年，会芳楼在广告中称："专售各式酒席，全羊佳筵无不齐备。"会芳楼首创了盐、糖、味精三合一的"咸面"调料，为菜品平添了厚味与余香。会芳楼有一道拿手好菜——扒海羊，所谓"海"以鱼翅为代表，"羊"则以羊身上最有价值的部分，如羊脑、羊蹄筋、羊肚等为代表，采用红扒技法精心烹制。

　　老南市是天津戏曲艺术的荟萃之地，众多名角纷至沓来。京剧大师马连良，一次演出之余慕名来到会芳楼作客，专门点了扒海羊。早在清光绪年间就得名师真传的穆祥珍当场献艺，做出的菜品厚实美观，金黄的鱼翅丝规整如梳，滋味醇烂味厚，余香绵长，"食羊而不觉羊"，让马连良啧啧称道。据说，梅兰芳先生也专程到会芳楼来品尝这道美味。后来，穆祥珍扒海羊的烹饪技法得到了很好的传承，20世纪80年代，这道名菜在一些赛会上屡获殊荣。

梁实秋：趣说天津滋味

梁实秋不仅是著名的散文家、翻译家，还是一位造诣颇深的美食家。受先辈影响，他与夫人程季淑皆为懂吃擅烹饪之人，梁实秋曾说："馋，则着重在食物的质，最需要满足的是品味。上天生人，在他嘴里安放一条舌，舌上有无数的味蕾，教人焉得不馋？馋，基于生理的要求，也可以发展成为近于艺术的趣味。"民国时期，梁实秋陆续发表"雅舍小品"系列散文，记述了他与天津美食的情缘。

吃天津螃蟹

1932 年，梁实秋到天津《益世报》主编《文学周刊》副刊，1934 年应聘北京大学外文系主任，他对天津的物产与美食多有了解。

"西施舌"是天津著名的海珍品。郁达夫在 1936 年的文章里认为西施舌为福建出产，就此，梁实秋在《西施舌》一文中特别强调天津也有西施舌，并引用了清人张焘的诗："朝来饱啖西施舌，不负津门鼓棹来。"梁实秋谈到全国的名

青年时代的梁实秋

品鱼，觉得津沽的银鱼与松江的鲈鱼、长江的鲥鱼等无不佳美，难分伯仲。不仅如此，他还晓得天津人吃螃蟹讲究"七尖八团"的风俗，《蟹》中说，从天津运到北平的大批蟹，到车站开包，正阳楼（饭店）先下手挑拣其中最肥大者。梁实秋也没少到正阳楼品尝天津螃蟹。

以鸡蛋黄为主料的摊黄菜是特色津味，梁实秋在天津肯定品尝过，因为他晓得这是天津菜馆的精明之道。《熘黄菜》一文说，"天津馆子最爱外敬，往往客人点四五道菜，馆子就外敬三四道。"因为蛋清大多用于芙蓉干贝、芙蓉虾仁之类的菜品，剩下的蛋黄做成熘黄菜之类的美味，"落得外敬做人情了"。

钟情天津包子

天津"狗不理"包子是有名的美食，也曾博得梁实秋的赞誉，他说："天津包子也是远近驰名的，尤其是狗不理的字号十分响亮。"

天津鲜肉包子的特点之一就是汤汁多，味道鲜美，梁实秋在《汤包》中风趣地写到："有人到铺子里吃包子，才出笼的，包子里的汤汁曾有烫了脊背的故事，因为包子咬破，汤汁外溢，流到手掌上，一举手又顺着胳膊流到脊背。"不难看出梁实秋对天津食事细致入微的观察。《汤包》中还讲了一个相传的笑话："两个不相识的人在一张桌子吃包子，其中一位一口咬下去，包子里的一股汤汁直飙过去，把对面客人喷了个满脸花。肇事的这一位并未觉察，低头猛吃。对面那一位很沉得住气，不动声色。堂倌在一旁看不下去，赶快拧了一个热手巾把送了过去，客徐曰：'不忙，他还有两个包子没吃完哩。'"

其实，梁实秋也觉得"不一定要到狗不理去，搭平津火车一到天津西站就有一群贩卖包子的高举笼屉到车窗前，伸胳膊就可以买几个包子。包子是扁扁的，里面确有比一般为多的汤汁，汤汁中有几块碎肉葱花"。

梁实秋自谦不善品茶、不通茶经，但他饮茶却多有讲究。《喝茶》中透露他平日喝茶不是香片就是龙井，此外也很喜欢天津的茉莉花窨过的茶叶，以及天津特产的大叶茶等。他回味，店家卖的时候再抓一把鲜茉莉放在表面上，称之为"双窨"，于是店里经常有郁郁菲菲的茶香花香。梁实秋认为这也是一种享受。

赵道生：大华饭店号称"第一西餐"

20世纪20年代末的天津，在大名鼎鼎的起士林饭店附近，有一家号称"招牌代表全津第一西餐"的饭店，它就是大华饭店。

大华饭店是1927年5月开业的，位于老天津圣路易路（今营口道东段）和杜总领事路（今和平路）交口处法租界一侧，与大法国路（今解放北路）紧邻。大华饭店的匾额为当时在津的美

大华饭店徽标与广告

术名家左次修所刻，其招牌设计也是欧式风格。饭店经营主旨是为了满足各界名流宴请或聚餐时对"高尚清洁宴会处所"的需求。

大华饭店的经理是赵一荻（赵四小姐）的哥哥赵道生。

开业伊始，大华饭店便发起迅猛的广告攻势，"破天荒，纯西式，最华贵——西餐、跳舞、屋顶花园"，仅以《北洋画报》为例便可见一斑。大华的广告一般在其头版淑媛美女大幅照片的下方，非常醒目，期期不漏，形成连贯效应，非同凡响。大华饭店的营销思路更是细致入微，而且充分结合了时令，让人备感亲切。夏季，大华说："今年闰六月，延长了夏天，欲消暑纳凉可到大华楼头。"秋凉了，大华道："饮食最宜谨慎，大华饭店西菜、饮水清洁卫生，讲卫生者尽乎来。"不仅如

123

老照片左侧二层楼即大华饭店

此，新学年开始的日子也让他们找到了噱头："秋季来了，诸位同学升班的升班，入学的入学，可喜又可贺……读书要用心，上课要勤奋，勉之再勉之。大华西餐强身又补脑，爽神亦舒气，去吃快去吃。"大华饭店还曾推出过商务套餐，按份售卖，经济快捷。

1928年5月21日的《益世报》报道说："大华饭店屋顶花园自开幕以来，每晚中西士女往者极为拥挤，营业愈振。"这段时间，大华饭店还向每天晚上前来就餐或喝咖啡的顾客赠送一个咖啡匙。咖啡匙由英商利喊洋行特别承制，精细玲珑，装潢考究，让太太小姐们爱不释手。

在赵道生的操持下，1930年六七月间，大华饭店举办了系列活动庆祝开业3周年，其中最吸引人的一项是大抽奖，在大华消费的顾客可以获得有奖餐券。7月末，号码开出，头奖38号获得了100元大洋的高额礼券，末奖9号也得到5元礼券。饭店将获奖号码连日公布在报纸上，表面上是期盼获奖者前来领奖，实则是很好的宣传。

天津本地西餐经营者在学习借鉴西方的过程中，还特别注重西餐国产化的推进。1930年8月初，大华饭店提出了"国质西餐"的口号，言称他们从即日起在不影响西餐正宗口味的前提下，尽量采用国

大华饭店老广告

124

内食材，这样既可以提倡国货，又可以避免金融动荡带来的成本加剧，为食客提供一如既往的精致口味。

赵道生善交际，大华饭店吸引着军政要人、富商名流、文人墨客光临，他们在这里既可以享受到精美的西餐、咖啡，又可以跳舞交际，举办书画展览。

1927年8月初，一种名叫"人蛙"的"奇妙"表演在大华饭店上演，门票5角，进餐者可以免费观看。月末，闻名欧美的波兰赤脚舞演员丝丽娜姐妹来到天津，在大华饭店表演。当时的报道说："每晚在该饭店奏演各种香艳舞……玉骨冰肌，其一种妩媚姿态，尤足动人心目。"其间，前总统黎元洪也前来就餐。

袁世凯之子袁克文（"民国四公子"之一）喜欢美食，曾特别为大华饭店题词"满足清净"。1930年8月初，毕业于北平艺术院的三位画家组成的寒友画会在大华饭店举办了中西画展，颇受京津艺坛好评。11月初，京剧名家梅兰芳、杨小楼、余叔岩、尚小云等也曾在这里清唱、谈艺。1938年，大华饭店由寿德大楼的业主胡氏兄弟接办。

唐鲁孙：喜欢肉卤锅巴菜

天津传统锅巴菜(嘎巴菜)大多为素卤,而老南市万顺成小吃店则以肉卤锅巴菜著称。万顺成创始人段玉吉是静海独流人,早先以走街串巷卖麻秸、卖秫米饭(高粱米粥)为生。20世纪20年代初,段玉吉在南市东兴街开办了万顺成饭铺(后来又在法租界开设分号),售卖秫米饭、八宝莲子粥、锅巴菜、素包、糖包、豆包等。万顺成锅巴菜的卤是用五花肉片加花菜、木耳等煮制而成,比素卤锅巴菜味道更香浓。

美食家唐鲁孙是满族镶红旗人,自幼出入宫廷,又游遍全国各地,见多识广,著有《中国吃的故事》一书。唐鲁孙对津味锅巴菜情有独钟,他称:"就是外地人在天津住久了,也会慢慢地爱上这种小吃。尤其是数九天,西北风一刮,如果有碗锅巴菜,连吃带喝,准保吃完了是满头大汗。"唐鲁孙也专门品尝过天津特色肉卤锅巴菜,他回味道:"天津市面上,素卤锅巴菜早晨到处都有得买。有一份肉片卤的锅巴菜,在绿牌电车路法国教堂一个胡同口,卤是肥瘦肉片,加上黄花、木耳勾出来的,那比素卤又好吃多了,据说这是天津独一份的肉卤。勾卤更有一套秘诀,一碗锅巴菜,吃到碗底卤也不澥,在当时他既没申请专利,也没有人一窝蜂似的你做我也跟着起哄,可见当初在内地做生意,是多么讲究义气了。"

万顺成不仅在早餐时段卖锅巴菜,晚间也照样营生。作家刘枋积多年厨艺,以散文笔法写就《吃的艺术》一书,书中称:"万顺成每晚座上客常满,每人面前都有一碗锅巴菜。"

侯宝林:难忘天津饭食

相声大师侯宝林早年长期在天津演出,他与这座城市情缘很深。1940 年 6 月,侯宝林开始在南市燕乐茶楼演出,他的说学逗唱,特色鲜明,很快走红津门。侯宝林后来也在一些商业电台说相声报广告,听众们在园子里听罢他的相声意犹未尽,每天中午打开收音机继续过瘾:"学徒侯宝林,在下郭启儒上台鞠躬。我们应广告客户之特约,每天这个时间在这里伺候您一段对口相声……" 于是,骆驼牌染料、盛锡福帽庄、大有鞋帽庄的商品信息,随着侯宝林的《改行》《粥挑子》等诙谐幽默的段子,传遍了街巷。

相声舞台上的侯宝林、郭启儒

侯宝林在天津生活的久,对煎饼馃子并不陌生。侯宝林认为"卫嘴子"很聪明,一改原来山东、东北农家食品的状态,而是将玉米面、黄豆面换成绿豆面,大大提高了品位档次,再加上馃子和鸡蛋,真是画龙点睛。大致,侯宝林也没少品尝津味大饼,他觉得天津大饼虽为家常便饭,但在全国恐怕打着灯笼也没处找。大饼油不多却层次丰富,全凭火候与和面的技术。侯宝林也很喜欢吃天津的豆浆加嫩白豆腐,甚至用"就像天津人一样厚道"来形容它的醇香。

天津人逢年过节或操办喜寿大事,一定要吃喜面(捞面),而且要送给街坊四邻分享。喜面不仅讲究卤,更注重菜码儿,各色时鲜蔬菜、青豆、黄豆、鸡蛋、红粉皮等,不厌其丰。这五颜六色的菜码儿博得了侯宝林的称赞,他幽默地比喻这好似外国人送的鲜花。

侯宝林曾对挚友、曲艺理论家薛宝琨说,他是天津观众培养起来的。侯宝林在天津成名以后,1945年重返北京时已是大红大紫的角儿了。此后,侯宝林一直与天津各界往来不断,每次来天津几乎都要到相声名家白全福家中小坐,"哪怕是三更半夜下车,砸门也去白家",皆因白全福的妻子做得一手好饭食,是地道的天津味。

后来有一年,侯宝林来天津讲学,在一所学校门口散步时,忽然有一位干货摊儿的老者亲切地招呼他"侯老板"。摊主说:"您还记得吗?当初我在南市摆摊儿。"侯宝林想了想回忆起来,如逢知己,他说:"你的酸杏干儿最好吃。"摊主拿出几包酸杏干诚意送给这位艺术家,这让侯宝林很感动。

汪曾祺:爱吃天津青萝卜

旧时一入冬,天刚擦黑之时,天津街面胡同里就传来小贩"萝卜赛梨嘞"或"崩豆儿,萝卜"的吆喝声,此起彼伏。小贩们臂挎柳条筐,洗净的萝卜用白毛巾盖着,鲜亮翠绿。萝卜整个卖也好,切角卖也行,图个常主顾。而这阵儿,才吃罢晚饭的老少爷们把茉莉花茶也沏好了,边品茶边吃萝卜绝对是一种享受。萝卜又脆又甜,润喉开胸,消食解腻,这正应了"萝卜上市,太医无事"的趣话。

"天津吃萝卜是一种风气",这是剧作家、小说家汪曾祺品尝过天津青萝卜后的结论。20 世纪 50 年代初,汪曾祺曾到天津劝业场天华景听曲艺,他回忆说,座位之前有一溜长案,摆得满满的,除了茶壶茶碗、瓜子花生米碟子,还有几大盘切成薄片的青萝卜。汪曾祺不仅品尝了"水大青脆而不辣"的天津青萝卜,还晓得"萝卜就热茶,气得大夫满街爬"的俗谚。汪曾祺其实是一位美食家,他在全国各地应该吃过不少样萝卜,他认为听"玩意儿"时吃萝卜,是绝无仅有的天津卫民俗。

青年时代的汪曾祺

汪曾祺曾推测那萝卜可能是老天津小刘庄种植的,可见他对这天津名产的印象之深。小刘庄的萝卜历史悠久,传说明代嘉靖年间有个受宠的皇妃爱吃南方的荔枝,但因交通不便难以保鲜,于是宰相严嵩献计将荔枝树连根挖出,装船运到天津再快马送达京城。于是,荔枝树的余土就倒在了海河畔小刘庄,日积月累,后来小刘庄人就在这片沃土上种植青萝卜,萝卜果真色味俱佳,于是就传下了"好吃不辣的刘庄萝卜赛鸭梨"的美誉。

穆祥珍：水火相容炸冰核

　　常言道，水火难容，可老天津卫的一道名菜也许会颠覆这说法，菜的名字就叫"炸冰核"。说起炸冰核，它早在清代同治年间就被天津诗人周宝善记录在《津门竹枝词》中："馕馅豆莛难下咽，要他冰核炸焦来。"去掉头尾的豆芽菜叫豆莛，"卫嘴子"讲究吃，要在细细的豆芽菜中夹入肉馅，足可谓奢侈刁钻了，更有甚者还要油炸冰核吃。1931年刊行的《天津志略》里"生活民俗"部分，列举了大量天津四季特产与美食，也提及炒山楂、炸冰核、炸银鱼、扒白菜、炸比目鱼条等美味。看来炸冰核在津传名已久。

　　炸冰核是驰誉南北的津菜名厨穆祥珍的拿手好戏。大致是20世纪30年代中期，30多岁的穆祥珍已是天津会芳楼的头灶，他就遇到过行家吃主儿。话说一日会芳楼来了位"八大家"阔少，在此为姨太太办寿宴，当各样佳肴吃罢，那位爷点名要吃爆炒冰核，说要败败心火。这"突如其来"要遇上"二把刀"厨师非懵头不可，岂料穆祥珍胸有成竹。他让小伙计取来人造冰砸成核桃大小块，然后用豆皮一个个裹好，再逐一蘸挂蛋清糊，控好油温过油炸，出锅后又浇上事先准备的糖醋汁。整个过程稳中有快，趁热上桌，那冰核果真还没化冻呢。外层豆皮酥香，内里冰核咯嘣脆，简直出神入化了。那阔少尝罢心悦诚服，连连叫好，于是特意请出穆祥珍，敬上一杯酒，还拿出钱来奖赏了穆祥珍。

　　炸冰核之技后来传到东北，当地俗称炸冰溜子，又传到济南，成为名菜。梅兰芳1960年到泉城演出期间就品尝过炸冰糕，同样是冰糕外挂薄糊，热油炸出。第一次尝此美味的梅先生惊喜连连，还专门让厨师讲授做法。如今,台湾小吃中也有油炸冰淇淋,尤其受到时尚青年的欢迎,有人戏称可谓不一样的冰火两重天。

消闲娱乐

奕譞:醇亲王1886年巡检天津看电灯

　　清光绪十二年(1886)四月,主持海军事务的醇亲王奕譞奉慈禧太后懿旨,巡视天津、大沽、旅顺、烟台等地的北洋海防,海光寺机器局是其参观的重点之一。

　　据《天津通志·大事记》载:"光绪十二年四月二十日,醇亲王、李鸿章返抵大沽。二十一日,视察大沽南北炮台、大沽船坞,观看兵丁打靶、布雷、开炮演习。北炮台一士兵演习时炮弹失手爆炸,死2人、伤1人。二十二日,回到天津。午后,参观海光寺机器局,局内特安装电灯,进行机器织布表演。二十三日,在八里台观看来自小站的盛军马步17个营15000人操演。二十四日,参观东局。二十五日午后自总督衙门登舟回京,李鸿章同舟送至桃花口。"

　　当年的醇亲王奕譞可谓威风八面,为了接待好这位要员,直隶总督、北洋通商大臣李鸿章颇费心机。他命人特意粉刷修饰了海光寺,将此作为醇亲王的行辕。据《醇亲王巡阅北洋海防日记》载,李鸿章等人"择南城外海光寺以为行辕,榱桷黯淡,略加垩饰"。关键是醇亲王的居室与陈设,也要达到豪华标准。醇亲王的随行有200余人,他们同住在海光寺机器局,同样不能敷衍,于是海光寺又"添建瓦房、灰房五十二间,屋内床几灯盏毕具。寺前扯布帐为文武官厅,环寺置巡更兵栅十六座,并起席棚以停车马"。

　　为了尽地主之谊, 也是为了让醇亲王亲眼看看西方的先进技术与文明,李鸿章又特别委派大实业家盛宣怀(杏荪)从上海调来了4名纺织女工,在海光寺内操作西洋织布机进行表演,一连三天。不仅如此, 李鸿章还不惜花费重金,"在外洋花一万银元买一套汽灯机器",其中包括先进的摩电机(发电机)。同时,安排培训2名电灯匠(电工),把海光寺的里里外外全部用电灯装饰起来。"汽灯尚属可观,灯光色淡,明如白昼,一灯之光可照一里之遥。局内、海光寺内共计汽灯十余个,以铁丝系在灯上,后通后厂机器,机器一动,火从机器过来,各灯自有火光。灯内无灯芯,并无油物,殊属千古之奇。"醇亲王看罢十分惊奇,连连称赞,自然也很理解李鸿章的良苦用心。

醇亲王的到来是一件大事,李鸿章一干人自然要小心伺候,事事周详。为了宣传所需,他们招来了民间照相师梁时泰与德国人来兴克(在津办照相馆)承担拍照任务。梁时泰是广东人,光绪元年(1875),他洞察到天津的发展前景,携带先进照相设备北上,在英租界杏花村(今开封道与台儿庄路交口)开办了天津第一家照相馆。

醇亲王朝服照

梁时泰很有心机,他多日跟随忙碌,从不同角度拍摄了北洋舰队的装备、规模、官兵等情况的照片,当然也包括醇亲王的个人照片,以及与其他官员的合影。如《醇亲王行邸海光寺后楼外景》《醇亲王抵津检阅海军帅字旗船》《中国战船平远号》等皆为精彩。功夫不负有心人,醇亲王非常赏识梁时泰,回京前专门嘉奖了他几百两白银。统领北洋水师的丁汝昌闻讯后,也请梁时泰拍摄了照片。

第二年,醇亲王将他在天津的部分照片呈光绪皇帝御览,同样博得赞赏。如此,天津摄影师、照相馆拍摄的照片首次进入了皇宫,梁时泰也一举成为宫廷摄影师。这一年,醇亲王欲提前庆贺50岁寿诞,梁时泰在皇城为他拍摄了站姿全身像。照片中的醇亲王身旁有一鹿相伴,另配书、剑、茶、烟等道具,画面富于吉祥寓意。照片上还特别加盖了"皇七子和硕醇亲王渤澥乘风"与"东朝御赐思合符契"二方印鉴,画面的装饰形式与传统的《行乐图》有异曲同工之妙。

溥仪：享受时尚生活

1925年2月23日夜，末代皇帝爱新觉罗·溥仪携皇后婉容、淑妃文秀等坐着火车来到天津，住进了日租界宫岛街（今鞍山道）的张园。张园是清末湖北提督张彪在津的私宅。1929年7月溥仪又迁居乾园，并将院落改名为静园。

爱吃西餐爱讲究

天津租界的"花花世界"，让溥仪眼界大开，他一边接受前清遗老遗少三拜九叩大礼，一边追求享受着时尚的西式生活。其实，溥仪对西方生活方式并不陌生，早在1918年，英国苏格兰人庄士敦已是溥仪的"帝师"，教授英语的同时也引导他初尝西餐美味。开化的皇后婉容还教会了溥仪使用刀叉，也正是在她的影响下，溥仪喜欢上了西餐，宫中专门设立了番菜厨房。

无论是在张园，还是在静园，溥仪照旧有中膳房、洋膳房、茶房伺候着。中膳房有十几名厨师，洋膳房有六七名厨师，其中一人是专门制作日式菜品的。婉容的女伴（兼女仆）崔慧梅后来撰文回忆："张园'小朝廷'早期，我俩姊妹、皇后甚至皇上每天最留意的是天津吃喝玩乐等新玩意，这段时间皇上最轻松，他摆脱了清宫

溥仪与婉容

之束缚,好像一位上流社会公子哥儿般生活。"

来津不久,在庄士敦的陪同下,溥仪偕婉容来到大名鼎鼎的利顺德饭店吃西餐、喝咖啡。据《跨越三个世纪的大饭店——利顺德》书中介绍,溥仪第一次到利顺德吃西餐时很注重应有的礼仪,他请当时的总经理海维林坐在主人的位置,而自己则落座在主宾席。用餐时,溥仪熟练使用刀叉,颇有绅士风度。他一边品味,一边聆听着钢琴曲,好不惬意,不禁啧啧称道:这才能称得上享受西餐文化,相比之下,宫廷中吃西餐不过是徒有其名。

利顺德的氛围与美食让溥仪格外钟情,以后每隔几天他就要到利顺德"传旨呈进御膳"。 根据溥仪的要求,利顺德专门为他准备了银鱼、紫蟹、河蚌、野兔、山鸡等名贵食物,以及各色西餐。

1928 年 5 月 26 日的《北洋画报》中刊有《废帝近况》一文:"废帝日前忽思至英租界小白楼利顺德饭店食西餐, 事前该饭店得官方传令,勿售他客,华人西人,平等待遇,来者一概请出,如是者两小时,一切肃静, 大众回避之后, 溥先生始率其夫人及如夫人, 翩翩然莅止焉。"文章作者觉得,开明人士若见到如此情状,一定会认为是腐败的表现。

传说 1928 年的一天,溥仪在利顺德饭店吃"煎肠",觉得很可口,便打听是谁的厨艺。一个叫王丰年的厨师前来觐见,深得溥仪赏识,于是很快成为了"御厨"。溥仪喜欢的煎肠大致类似今天烧烤肠之类的吃食。

1930 年 8 月某日,溥仪、婉容与载沣及其女儿,还有载涛的儿子,一同到马场道游玩,归途中到利顺德小憩。在咖啡厅,溥仪点了五份咖啡与大家共享,并大谈喝咖啡的讲究。夏天,溥仪也喜欢到这里品尝冷食,如刨冰、奶油栗子粉等。逢年过节,在利顺德举办的舞会上,常会看到溥仪的身影,婉容还会用钢琴弹奏出美妙的乐曲。溥仪和婉容也曾在宴会厅跳过探戈舞。

溥仪与婉容、文绣也是起士林西餐厅的常客,溥仪也很喜欢吃那里的冰淇淋、杨梅冷饮等。张园的主人张彪之子张挺,曾长期在溥仪身边供职,张挺在《我伴溥仪二十年》一文中回忆:"我们外出常去的地方一个是中街……这条马路中间一段有家起士林餐厅。他最爱吃这家的冷饮。另一地方是利顺德饭店……这两家餐厅一是清净,二是服务周到。"

溥仪经常光顾的利顺德饭店西餐厅

正昌面包房也深得溥仪青睐,它是希腊人达拉茅斯兄弟开设的,位于法租界大法国路(今解放北路)与今哈尔滨道交口的位置。正昌经营现磨咖啡、现烤面包、正宗西餐,以及进口糖果、葡萄酒等,档次颇高,绝不逊于起士林的商品。溥仪和婉容不仅经常来正昌喝咖啡消遣,还会选购面包和西点。这里的面包由法国面包师主理,以"长法棍"为主打,另有月形面包、黑麦面包、全麦面包、圆面包、切片面包等,让溥仪大饱口福。还有一名烘焙高手叫于清和,后来溥仪多次请他专门做点心。

溥仪的二妹韫和曾在日记中记录下溥仪等人在天津的生活片段。其中1930年6月24日写到:"下午,同皇上、皇后一起去正昌购点心,又来到跑马场散步。在正昌购物时,我和婉容等人开玩笑……回静园用完晚餐,七时多才回来。"

目前文史资料、媒体文稿、常见正昌咖啡店、正昌西餐馆、正昌食品店等说法,均不确。比对三部民国不同年份的电话簿可知,正昌面包房为正式刊录名称,1947年法租界收回后,该号更名为正昌面包糖果公司。其电话33322号一直使用。此时,大法国路也更名为中正路。正昌前后经营了40年左右,新中国成立之初店铺兑出。

溥仪曾在《我的前半生》中说，他在天津一个月要开销1万多大洋，购买各种洋货即多达数千元。中西膳房的开销并不多，分别是500多元与200多元，倒也符合实际情况。因为溥仪吃西餐大多数是在利顺德、起士林、正昌面包房等西餐厅。上万元左右的支出，大致是张园上上下下的总计开销，据中国第一历史档案馆《清废帝溥仪档案》卷一百八十五中显示：丁卯年岁末有一笔八千元的进项，计划给溥仪用一千元，婉容用一千元，文绣用一百八十元等，另有余额。辛卯年即1927年，当时百斤一袋的进口面粉价为2元左右。

迷网球 看赛马 逛商场

溥仪较早就喜欢上了网球，住进静园后便命人在院内修建了一块网球场地，又请来多位网球明星陪练。报人徐铸成早在1930年就在天津《大公报》主持采访编辑教育新闻和体育新闻。徐铸成在《报海旧闻》中回忆，1930年的一天，远东运动会网球单打冠亚军林宝华、邱飞海在英租界球场举行表演赛，看台上忽然有人说："看，像是宣统皇帝来了。"大家将目光聚焦到门口，"只见八九个人走向对面看台，簇拥着一个着黑色西装的人，三十上下年岁，瘦长条子，脸色灰里带黑，架着一付墨绿眼镜。后面伴随着两个少女，一个丰容盛鬋，一个纤弱苗条。不用说，那就是溥仪和他的皇后婉容和贵纪文绣了。"林宝华也曾数次当静园伴打(陪练)，算得一个上书房行走的师傅。

天津的赛马会早在清同治二年(1863)就从英租界兴起。光绪十二年(1886)，津海关税务司的英国人德璀琳在佟楼以南的养心园筹建了一个新的赛马场，后被命名为天津英商赛马会，马场道沿街更加繁华，商号、娱乐场所林立。1930年4月中下旬，溥仪和婉容外出三次，其中两次到马场游玩。他们在1930年5月又数次到马场道一带消闲。同年10月，婉容又陪溥仪到赛马场玩过一次，意犹未尽的溥仪，又让几个妹妹到中原公司为他买东西。

看赛马之余，溥仪一行有时还要到各大商场购物。有一次溥仪心血来潮,独自到惠罗公司买了一块钻石手表送给婉容,他讲时髦,让人家在表后刻了一行字。第二天去取表的太监发现表后多了一行英文,售货员只告诉了他发音,没说明啥意思。待太监一进静园大门便急不可待地喊道:"皇上,皇上,您买的 I LOVE YOU 牌手表,奴才已带回来了。"众人皆笑,婉容心中也充满甜蜜。

不仅仅是溥仪,他的族人在天津生活得也很幸福。韫和在 1930 年 11 月 23 日的日记中说:"今天是星期日。今天也是我虚度二十岁的生日……晚上同父亲和众人来到致美斋用晚餐,然后又到了明星剧场欣赏马连良精彩的京戏表演,直到午夜二点才回来。"

与英国伯爵照相

溥仪早在清宫中就喜欢上了照相。1925 年 2 月他逃到天津,在这华洋杂处的繁华城市里一边做着复辟美梦,一边尽情享受着现代生活。迎来送往,在租界休闲玩乐,自然留下了不少照片,几十年来一直引人关注。

2007 年春季,一帧名为《废帝溥仪与英国坎拿大总督合影于天津张园》、并由"宣统"题款"威林顿伯爵惠存"字样的老照片,在收藏界引起不大不小的轰动("坎拿大"即加拿大)。该照片拍摄于 1926 年 6 月,背景可见张园里的凉亭等景致,人物除上述二人外,还有皇后婉容、溥仪的英文老师庄士敦。此照作为新闻图片最早刊登于 1926 年 10 月 30 日的《北洋画报》头版。

威林顿(Willingdon)伯爵是英国政治家,曾作为中英庚子赔款顾问委员会的副主席来华参加中英双方会议,其间,威林顿偕夫人来津拜访溥仪。据 1926 年的溥仪赏赐记录显示,当时溥仪曾礼节性地向威林顿赠送了一些礼品。随后,威林顿赴英属加拿大任总督(1926—1931)。

此合影的拍摄地张园位于日租界宫岛街(今鞍山道),其主人是晚清枭雄、湖北提督张彪。1912 年,张彪从日本回国寓居天津,1916

年投资兴建了这所私家庭院——露香园，后更名张园。张园占地约20亩，环境幽雅，中西合璧的布局颇具匠心。张园中央筑有一幢八角八底的西式楼宅，四面环绕中式长廊，对称的角楼安排在二楼平台左右，两端还建有八角飞檐庭榭，另配雅致的照壁石景。园子里栽满奇花名木，设有小巧的凉亭与圆形石桌石凳，堪称消闲小憩之佳所。后来，张园作为娱乐场曾对外开放。溥仪到达天津不久便住进这里，与威林顿夫妇的合影就选景在凉亭、水池前。

据照片右下角的钢印"YAMAMOTO TIENTSIN"分析，摄影者为在天津开设照相馆的日本摄影师山本赞七郎。清末，他先在京城开设了山本照相馆，几年后又到天津从事经营。

念念不忘天津生活

1931年11月10日深夜，溥仪在日本特务的策划并挟持下秘密离津，结束了他在天津6年多的寓公生活，潜往东北，后做起了伪满皇帝。在长春伪满皇宫中，为了便于溥仪吃西餐，后来添设了洋膳房。

溥仪念念不忘天津美味，据李国雄口述、王庆祥撰写的《随侍溥仪纪实》中记述："溥仪传旨命天津办事处，把他在起士林吃饭时认识的王丰年找来，担任洋膳房厨师专做西餐……溥仪不吃外边的东西，每逢清宴堂或嘉乐殿举行大型'赐宴'宴会或招待宴会时，各种食品一般由大和旅馆供应，而溥仪专用的一份由王丰年特做。王的技术好，做出的成品与大和旅馆的东西一模一样。做好后由王亲自端上去，守在溥仪身边等他吃完，随即亲自撤下，绝不许别人稍染。"

1933年起，溥仪的族侄毓唐在伪满洲国宫内府及陆军军官学校学习，1940年后在溥仪身边伺候。据毓唐回忆，溥仪任伪满皇帝时仍旧喜欢吃西餐，"有那么一阵子，几乎每天的晚饭都是西餐，端上桌的东西有面包、蛋糕、奶油、龙须菜、荷包蛋、土豆酱、拌黄油，以及在里边涂好了奶油的菜花，等等。"

婉容：皇后生活喜忧参半

郭布罗·婉容，达斡尔族，旗籍满洲正白旗，生于清光绪三十三年（1906）出生，父亲郭布罗·荣源是位开明人士，时任内务府大臣。婉容从小生活在优裕富足的家庭环境中，天资聪明，读书写字、弹琴绘画样样通晓，家里还为她专门聘请了美国老师讲授英语。

婉容

1922 年，端庄秀美、清新脱俗、知书识礼的婉容被选入宫，那一年她 16 岁，成为清朝史上最后一位皇后。

1925 年 2 月，末代皇帝溥仪携皇后婉容、淑妃文绣来到天津后，婉容在读书、画画、弹琴之外，也经常与溥仪参加各种社交活动或外出闲逛，比如去马场游玩、逛闹市区、参加舞会、冬天溜冰等。这样一来不仅与溥仪在一起的时间多了，皇后每到一处，人们纷纷投来惊异和羡慕的目光，婉容的虚荣心也得到了满足。

婉容原本贵富家的千金小姐，在天津的她对于首饰、时装等高档消费犹如家常便饭。近朱者赤，贫寒出身的文绣也受到传染，二人于是竞相花钱，汽车、珠宝、钢琴、钟表、收音机、西装、皮鞋、眼镜等等，不厌其烦，享一时之快，哪顾得溥仪的银两入不敷出。1929 年 5 月，得到溥仪的允许，婉容来到仙宫理发店剪发，也引起了当时大小报纸的热议。仙宫理发店位于法租界葛公使路(今滨江道)，是当时天津最时髦的美发场所。

通过溥仪的二妹妹爱新觉罗·韫和(1911—2001，后改名金欣如)的日记，也可以了解婉容在天津生活的点滴。

韫和在1930年11月23日的日记中写到："溥仪常常送给婉容礼物，这些礼物不限于'依例节赏'之类，新照相片、丝巾、唱机等等，有些赏赐确能表达感情。婉容也经常给溥仪写些情意绵绵的情书，这些情书表现了空虚寂寞的婉容对溥仪之种种期盼。婉容希望丈夫能够真心爱她，盼着快点儿怀孕生子，时刻都在妒忌情场上的对手。"

溥仪的身体状况差强人意。溥仪在晚饭后常会到婉容房间聊天，甚至到深夜，睡意来时便抛下婉容回自己的寝宫去了。溥仪、婉容从未有过夫妻生活。每当溥仪离开时，婉容常常独自在庭院漫步，也总会思绪万千。

1931年5月间，韫和曾照录了一段婉容写下的文字，婉容写到："荷花色艳而娇，迎风欲舞，清气芬芳，俱一种爱美姿态。且其全体皆有宜于人：从其根至其梗、至其叶、至其花、至其实，皆成药品。妒者谤其过艳，知者赞其德纯。多才而色艳，此何谓？'出污泥而不染'，此非德乎？且其全体皆可入药，此非才乎？叹余何福，每当晨起或当夕阳欲堕之时，扶小环，持蕉扇，徘徊于竹阴荷塘前。或歌一曲阳春白雪，或歌一曲泛彼柏舟泛其流，或歌一曲梦里不知身是客，一晌贪欢无限江山……"就此，韫和感叹："婉容留下的文字，既展现了婉容的文采，也表白了这位末代皇后的心境，展现了皇家生活给她带来的无边无际的苦恼。"就这样，在深深的苦闷之中，一个有血有肉的皇后，吸食鸦片愈发严重。

文绣:敢与皇上打离婚

末代皇帝溥仪来到天津后,先是住在张园,1929年7月,又携皇后婉容、淑妃文绣迁居附近的乾园,并将院落改名为静园。静园建造于1921年,原为民国参议院议员陆宗舆的私宅。乾园,取"浩瀚乾坤,汇聚一园,人杰地灵,颐养千年"之意。院落占地约3000平方米,为三环套月式布局,有前院、后院和西侧跨院三道。主体建筑外观为西班牙式2层(局部3层)砖木结构,西侧有外走廊,东部为封闭式。楼内房间面积很大,突出前檐的阳台和大采光窗。楼内不同房间功能齐备,一应俱全,装修奢华。

溥仪在《我的前半生》中说,给园子改名字是含有用意的:静以养吾浩然之气,静观其变,静待时机。溥仪在静园依旧做着皇帝美梦,接受群臣朝拜,继续使用宣统年号,不时召开御前会议,发出谕旨,搜集信息,密谋复辟之策,试图东山再起。

溥仪到静园后,这所宅邸更加引人注目,这其中也有淑妃文绣的因素。文绣是我国历史上第一个敢于向皇帝提出离婚并诉诸法律的皇妃,她也因此避免了像皇后婉容那样的悲惨命运。

额尔德特·文绣是蒙古族,汉名傅玉芳,她进宫时是不满14岁的花季少女,可一踏进那高大的围墙,便失去了自由。她与溥仪、婉容的恩怨

15岁的文绣

由来已久,到天津后,文绣、婉容之间的矛盾更近乎公开化。有时,婉容不仅当面挖苦文绣,背后还要在溥仪面前说文绣的不是。文绣有学识,脾气耿直,所以双方免不了针尖对麦芒。比如她们在消费上互相攀比,几个月下来,两个人的房间里都堆满了钢琴、钟表、收音机、西装、皮鞋、眼镜等物品,只求一时痛快。

静园中的一后一妃争宠,闹得不可开交,夹在后妃之间的溥仪自然焦头烂额。《我的前半生》中称之为"竞赛式的购买",溥仪写道:"婉容本是一位天津大小姐,花钱买废物的门道比我多。她买了什么东西,文绣也一定要。我给文绣买了,婉容一定要买,而且花钱更多,好像不如此不足以显示皇后的身份。"

文绣不如婉容漂亮,缺少几丝神采,但文绣的思想却远远超过婉容,她追求自由,颇有勇气。终于,文绣再也受不了种种不如意与冷落,再也受不了静园生活的不自由,1931年8月25日,文绣在文珊的陪伴下出外散心,出门后就令司机开向国民饭店。文珊坐定后郑重其事地告诉太监:"你先回去吧!淑妃留在这儿了,还要向法院控告皇上呢!"

文绣正式向溥仪要求离婚,此事对逊清皇室及前清王公大臣,还有溥仪本身都造成了极大的震撼,堪称对旧式文化的一种挑战,相当于在封建势力核心人物的头上动土,激怒了顽固的旧世界,因此,封建礼教的卫道士们纷纷向文绣压去。但文绣意志坚决,甚至与持反对意见的自己的族兄文绮照样针锋相对,绝不屈服。

为保全脸面,溥仪在静园颁布"上谕",并在京津沪报纸上刊登,将淑妃撤去封号,废为庶人,一时成为惊世之闻。经过双方律师两个月的谈判,溥仪和文绣最终完全断绝关系,溥仪支付文绣5.5万元赡养费,而文绣终身不得再嫁,双方互不损害名誉。文绣后来在北平办了一所小学,成为中国历史上唯一一位担任过教职的皇妃。

同时,静园中溥仪的日子也不好过,复辟帝制的计划屡屡受挫。1931年11月10日,在日本特务的策划并挟持下,溥仪离开静园,结束了他在天津的寓公生活,登上日本舰只潜往东北,后充当了伪满洲国的傀儡皇帝。这位悲情的末代皇帝正所谓:"南国战频频,一朝驱众臣。津门方蓄锐,园下暂栖身。溥仪哭怀祖,海藏喜望尘。一行东北去,还念旧宫宸。"

郑筠荣:"小豆腐"建起大宅院

在天津葛沽有一座闻名华北的豪宅——郑家大院，兴建于清宣统二年(1910)，两年后竣工。1923 年，曾任民国大总统的徐世昌为大院题写匾联:"桑梓七百年盐田更替;海河八千月航帆往来"，横额为"日新岁易"。

郑筠荣祖籍福建,其先辈早在明末年间便定居葛沽,郑家从小本生意到盐户,几代衣食无忧却没有大的发展。郑筠荣成年后,在葛沽前街开了间豆腐店,售卖闽地传统风味的麻辣小豆腐。他个子不高,白净文气,透着些许儒雅,做起生意来也是勤善为本,待客和气,加之豆腐味美价廉,自然门庭若市。老辈人口传,郑筠荣一次与朋友喝酒聊天时,坚持认为只有自家所制的小豆腐才是首屈一指的美味,友朋到访一定要以此款待。就这样一来二去,筠荣便被老街旧邻亲切地称之为"郑小豆腐"了。

后来,郑筠荣随父亲跑海船到营口一带做木材、粮米、山货生意,随着家业渐盛,郑家在营口开办的永惠兴银炉也声名显赫。据宣统二年的《奉天省营口厅银炉表》载:"永惠兴银炉,设立营口大街,光绪二十二年(1896)开设,兑换银钱,来往银钱串换,执事人孙焕章,经理号中事务,资本人郑筠荣,住天津,资本银二万两。"(银炉即传统银钱业。另一说永惠兴创办于光绪二十年,原资本 1.5 万两,1919 年资本达 10 万两)。

郑筠荣的真正发迹源于他的善举得到徐世昌的赏识。坊间相传,有一次,郑筠荣与众船主在山海关附近遇到风浪,别人趁机捞取海面上旁人散落的货物,唯有他坚持救人为先,并将遇难人员带回葛沽妥善安顿。获搭救者中恰有一位是风云人物徐世昌的至亲,所以当郑筠荣不久再次抵达营口时,徐世昌便亲自设宴欢迎。目前所见史料对此尚无记载,据徐世昌生平研究,此事大致发生在光绪三十四年(1908)前后,徐世昌时任东三省总督兼管三省将军事务。于是,徐世昌将东三省军马的大半物资供给与运输任务交予宅心仁厚的"郑小豆腐"办理。郑筠荣从此迅速累计资财,一举成为葛沽首富。

衣锦还乡的郑筠荣更是乐善好施,比如在每年除夕那天都会准备若干年货分发给贫苦人,传为佳话,故又得"郑大善人"美誉。与此同时,郑家斥巨资在镇中心南大街兴建宅院。

1912年竣工的郑家大院(俗称郑家大瓦房)占地达万余平方米,为清式风格,内分东院、西院、前院、后院和跨院等十二道院落。建筑气势宏伟、灰瓦青壁、雕梁画栋、游廊相连,加之四季花木繁茂,可谓美轮美奂。

此时的郑筠荣已是名闻津沽的大人物,乔迁之喜,各方道贺宾客如云。东门内不仅有清史馆编撰、津地书法名家刘嘉琛题写的"德厚流光",还有葛沽义士刘道原所书的"五世其昌"等匾额。另外,"储尊堂"是由清末民初的"联圣"、大学者方地山赠送的。清末状元刘春霖也为香积院正房题了匾联:"花懒偷眠因院静,鸟欢争鸣为庭幽",横额书"丽景月霁"。西门上金字蓝地的"郑家府第"大匾,乃末科进士任嘉莪所题。进西门,穿廊上的匾额见"丰亨豫大"四字,为晚清廪膳生、葛沽绅董苏之銮的手迹,意思是说郑家资产殷实且德高望重。府内郑筠荣的院门上另有联:"鹤群长绕三株树;人瑞先征五色云",横额为"富贵寿考",此乃大书法家华世奎的墨宝。再有,徐世昌曾为郑家大院题写匾额——普善堂,郑筠荣还有自勉匾额——亲仁善邻。

李春城：打造荣园

　　天津人民公园始建于清同治初年(约 1863 年前后)，占地 270 多亩，园中树木繁茂，曲水回环，亭台廊榭，一派西湖景致，它曾是清末天津大盐商李春城(字筑香，人称"李善人")的私家花园。

　　提起李善人，老天津人妇孺皆知。早年不同版本的《天津地理买卖杂字》中均可见到这句俗语："黑油漆，亮大门，冰窖胡同李善人。"李家的祖籍是江苏昆山，大约在康熙年间北迁天津，先后落户在北门里户部街、东门里冰窖胡同。李春城的父辈以盐业起家，靠着精明与勤俭逐渐发迹起来。

　　李春城是李家最出色的一个，他品学兼优，在咸丰元年(1851)被举为"孝廉方正"。咸丰三年(1853)太平天国北伐攻打天津，李春城率领练勇护城 7 昼夜，不辞辛劳，崭露头角。咸丰十年(1860)英法联军再次进犯大沽口，他又组织有识之士积极参与抗击，得到了僧格林沁的器重。事后经保奏，皇帝赏李春城顶戴花翎，官职为刑部四川司员外郎。从此，李家名声大震，大修宅邸。与此同时，李家的盐业经营也不断发展，在各地接办了大量盐店，借助先盐后课(先卖盐后纳税)的好政策大为获利，一跃成为富足的天津"八大家"之一。几年后，李春城已无意官场，同治五年(1866)回到天津，秉承祖上遗风大行善举，相继兴建了多处救济穷苦人的慈善场所和免费教育学堂，如保生所、寄生所、御寒社、义塾等，深得各界赞许。李家夫人也一心向善，平日里不仅布施庙宇，对到李家门上讨饭的人一律给予接济，"李善人"的美名在天津家喻户晓。

　　李家在修缮宅院的同时，在东楼、西楼一带购置大片土地兴建私家园林，取名"荣园"，俗称"李家花园"。1930 年版的《天津志略》描述:荣园"为津人李善人家之别墅。李氏富而好义,勇于为善,建筑是园,聊为游憩之所。

荣园的建造借鉴了西湖园林的设计理念,风格南北交融,风景如画。花园中心建有枫亭(咏诗亭),枫亭周边的楼、廊、亭相映成趣地构成了自然院落空间。荡漾在花园西北部的湖水更是醉人,水心亭与曲虹桥倒影水中,湖中的假山上建有中和塔,环绕湖溪还筑有堤岸、中和桥等,相连往复,曲径通幽。花园西南和东南分别修建了养静室、藏经阁与花房等。藏经阁3层,高近14米,雕梁画栋,朱漆门窗,气宇不凡,曾珍藏宋、元、明珍稀版本200多种。

经过历年悉心修筑,荣园日臻完美。每当春秋时节,李家人经常来此游览消闲、招待宾客。值得一提的是,每逢端午节、中元节、中秋节,荣园特别对外开放,1917年,在南开中学读书的周恩来和同学就曾到此一游。另外,与李家多有往来的郑孝胥也是荣园的常客,他有感于这里的风光之美,为园中景致题写了"诗趣轩""身云洞""宛在亭""舞叶楼"等名匾,并有《李园十咏》传世。

1926年左右,随着李家家境的改变,荣园开始疏于管理,后来加之自然灾害与战火的侵袭破坏,更为荒凉不堪。

新中国成立后,李氏后人向政府捐献了荣园,园容得以修葺重整,更名为"人民公园",于1951年7月1日对公众开放。

荣园一景

雍剑秋：以别墅遮人耳目

在 20 世纪 30 年代的天津马场道上，有一处知名的"私人会所"，那里不仅有精美的西餐，还常常亮出"今晚大跳舞会，明日跳舞茶会"的广告，可谓香气四溢，夜夜笙歌。这栋豪华别墅便是西湖饭店。

西湖饭店的主人名叫雍剑秋，是驰名南北的实业家、慈善家。雍剑秋本是江苏高邮人，青少年时代辗转上海、香港、新加坡求学，擅长英语、德语。1900 年庚子事变，作为救济北方难民慈善团的翻译，雍剑秋来到北京，后来逐渐发达。辛亥革命前夕，雍剑秋曾短暂担任天津造币厂副厂长，这期间，他结识了德国军官包尔德，随即成为德商礼和洋行的买办，开始经销军火，不久成为国内最大的军火中介商，后成为一代富商，还曾受到袁世凯的嘉奖。

1918 年，雍剑秋来到天津定居，投资实业，创办学校，迅速名闻津城。1929 年春，雍剑秋在马场道边（后马场道 171 号位置，今不存）置地建屋，拟经营饭店。

1929 年深秋，雍剑秋的这座英国庭院式建筑竣工，取名为"西湖别墅"。当时的新闻报道称："津门唯一之大建筑，乃巍然现其宏体于马场道之首。"为什么不称作饭店呢？雍剑秋自有考虑。一是突出特色，有别于其他同业；二是唯恐社会不良之徒对商业经营者勒索盘剥，如此别墅之名或多或少是可遮人耳目的。

1930 年元旦的《北洋画报》上刊有《记西湖别墅》一文，其中说："于英拓马场道旁，非租界地上，置地数亩，建有别墅，开园辟池，移花植木，本为个人修养之所，嗣以自奉素俭，颇嫌宅第略广，因使公开，以娱游人。后西侨有请赁居独间者，且津门人士，辄于公暇休假之日，结伴莅止者又甚众。雍氏决定辟宅为小型饭店,居旅客而售饮食焉。"

西湖别墅由雍剑秋之子雍鼎丞任经理,聘请复旦大学高材生赵道生(经营过大华饭店)为副经理。全新的服务理念促进了饭店的发展,开业之初,西湖别墅在媒体广泛刊发广告,比如曾长期包下《北洋画报》一版位置,在报头处的名媛美女玉照下,时常可见西湖别墅"大饭店;大餐厅"的招揽,惹人注目。这里的饮食、西餐号称"第一精美,全埠无出其右者",广告还不时特别配上白描图画,或时髦男女在圆桌前品味,或小夫妻在花园散步,摩登浪漫。据雍剑秋的孙女雍载莹(出生在西湖别墅)回忆,她家用人中的厨师有中餐和西餐的大师傅,还有专门负责采买、切菜的仆人。西湖别墅还有当时天津唯一一处弹簧地板跳舞场,且有西洋乐队伴奏,除周一外每晚均有舞会,逢年过节,这里更要举办跳舞大会以为欢庆。"今有别墅,可供登临远眺及饮食舞息之需,吾知必为津门人士所乐趋也。"

1942年太平洋战争爆发后,北京协和医院的名医张纪正、方先之等来到天津欲开设医院,但苦于没有合适的处所。雍剑秋宅心仁厚,将经营正盛的西湖饭店大楼,以最优惠的价格租给了他们,在此建立了天和医院。

雍剑秋在天津另有多处房产,如现今马场道上的一所三层洋楼(建于1920年)等,但雍剑秋在天津近30年的绝大部分时光都是在西湖别墅度过的。晚年,雍剑秋不惜重金投资教育,从事慈善事业。1918年至1937年间的天津历次公益捐款中,他个人捐款经常位列榜首,曾连续当选为天津慈善联合会的常务委员。同时,中西女中、汇文中学、南开中学、新学书院等都得到过他的关注与支持。

高星桥:天华景热闹喧天

笔者收藏有一份 1941 年 12 月 16 日的劝业场天华景大戏院的戏报,通过广告可知当天的午戏(早场)有《清河桥》《马上缘》《胭脂褶》和《大侠白泰宫》等,夜场上演《滚鼓山》《西游记》。天华景对演出可谓倾尽全力,"稽古社子弟科班全体学生一百余人日夜登场同时表演"。其中,后来成为京剧名家的张春华在《大侠白泰宫》中扮演白春,在《西游记》中扮演肚子鬼;贺永华也在《西游记》中饰角崔玉。

天津素以中国北方戏曲之乡闻名,京、评、梆在这座城市中有着丰厚的传统,早在清光绪年间,梆子戏就已在天津方兴未艾。当时,天津有位姓顾的驯马师非常喜欢梆子戏,他服务于外国人和马场,成为富户后在紫竹林一带置地建屋、建花园,并创办稽古社,招收了几十名孩童学员组成科班。顾家花园内的天华锦小戏园也随后落成,学员们的技艺精进,演出好评如潮。

20 世纪 20 年代,随着天津商业和娱乐中心向法租界、日租界的转移,顾氏的稽古社与天华锦逐渐衰微,但是,这些传统却被有心人继承下来,这人就是劝业场的创办人高星桥。

高星桥在 1928 年劝业场开业之时,就将 4 楼的戏园命名为天华景。随后不到一年,高星桥之子高渤海在此组建戏班,并沿用了稽古社的名字。稽古社并非劝业场首创,但在这里得到了最优秀、最快速的发展,成为劝业场乃至天津文化娱乐业的一大品牌。

高星桥懂戏、爱戏且知人善任,很快结识了包括刘德珍在内的一些知名演员。此时正是京剧艺术发展的全盛时期,天津人对京剧如痴如醉。高星桥、高渤海父子调动全体演员的积极性,以发挥每个人的最大潜能,他们白天上演折子戏,晚上演出连台本戏,长短结合,效果显著,日日座无虚席。

戏报广告中的《西游记》是天华景当年的重头戏,戏单显示主要演员多达 26 人。天华景为打造这出戏真是费尽心思,特别是在舞台布景方面。唐僧师徒赴西天取经的过程中,背景时而崇山峻岭,时而水流湍急,他们不畏艰辛的形象被烘托得淋漓尽致。孙悟空大闹龙宫时,龙宫的景色玲珑剔透,玉树琼花,异彩纷呈。最让观众叫绝的是流沙河收沙僧一段,表演过程中还插映了天宫影院(劝业场"八大天"之一)带领演员在外景拍摄的电影画面,妙趣横生。

稽古社在劝业场创办以来,一些天华景演员的少年弟子相继入社学习,如张春华、刘俊华等。1936 年,北京名角陈富康也将几十名艺徒带到稽古社。师傅用心,学员刻苦,天华景戏台生气盎然。像《西游记》这样的连

劝业场"八大天"之一天纬球房开业时的广告

台本戏,在 1940 年前后已是稽古社"华"字辈演员完全可以胜任的了。戏单广告显示,在《西游记》的 26 名演员中,除了第一代"华"字辈子弟外,还有 6 名第二代"承"字辈学员也已登台。稽古社子弟班是民国天津最大、最完备的科班,培养了众多京剧艺术表演人才。在高星桥的倾心打造下,天华景的发展如日中天,在天津家喻户晓。

据广告可知,1941 年 12 月前后,天华景大戏院午场和夜场的票价(大洋)相同,4 楼、5 楼一律 4 角,6 楼 3 角,孩童也需购买全票,随

劝业场一带市井繁华

票还代收 1 角茶水费。包厢票价较贵，为 3 元 8 角，茶水费在内。知名的中原公司、德昌线店等数家百货店、药庄也依托天华景的戏报刊登广告，由此可以想见天华景的红火程度。据天华景戏单上的周边广告可知，戏装照相已经出现在天津，天祥大市场附近的新金山摄影公司"数万元戏衣大贡献"，竭诚为戏迷服务。

天华景一直是中国演艺事业的重要舞台，骆玉笙、马三立、新凤霞等名家都曾在此献艺。

黎锦晖：率"明月"明星走红津城

20世纪30年代初红遍大江南北的明月歌剧社，是中国首家专业歌舞商业演出团体，由黎锦晖创办。该团源于1927年黎锦晖在上海开设的中华歌舞学校。黎锦晖创作了我国第一首流行歌曲《毛毛雨》，从而成为中国流行音乐的重要奠基人之一。明月歌剧社中不仅诞生了"金嗓子"周璇，王人美、徐来、白虹、聂耳等艺术家也是从这里发展起来的。

1930年4月，黎锦晖以"明月歌舞团音乐会"之名带团北上，在北平各高校巡演成功后，黎氏率众明星第一次来到北方文化艺术的先锋城市——天津，或许当时明月团的知名度尚属一般的原因，故津城媒体对此报道不多。

明月歌舞团第二次到津是同年9月1日。途经天津前往东三省演出的明月团原无在津演出的计划，但经春和大戏院(址法租界马家口，后为工人剧场，再后来拓宽大沽北路时拆除)经理高士奇再三诚意邀请，明月团特别改变行程，在津加演4天。黎锦晖因身体不适与事务繁忙仍在北平，并未抵津，明月团在津的排练演出由其弟黎锦光负责。值得一提的是，明月歌舞团音乐会在津期间正式更名为明月歌剧社，并圆满完成启用新名后的首次演出。春和戏院的座无虚席与热烈掌声深深感染着演员们，明月社全新上演了《月明之夜》《最后的胜利》《新婚之夜》等剧目。演出之余，多名演员还饶有趣味地来到春和戏院附近的同生照相馆拍照，准备制作明信片使用。9月5日，明月社从天津转赴沈阳。

10月24日，自东三省载誉而归的明月社再次来春和戏院演出，

明月社明星表演《春天的快乐》

黎锦晖与夫人徐来携王人美、黎莉莉、薛玲仙、胡笳、许曼莉、白虹等众多明星一同前来,盛况空前。此番进津,明月社的每位女演员都特备了一身五颜六色的新款绒衣,以及蓝色的呢帽,显得更加富有活力。明月社剧目以黎锦晖创作的歌舞为主,除前述之外,还有《小小画家》《百花仙子》《觉悟少年》《春天的快乐》《小小画眉鸟》《三蝴蝶》《桃花江》等,内容涉及宣传打倒帝国主义、歌颂民主、赞美正义善良等题材。

黎锦晖在天津发表了讲话,专门阐述了他组建明月社的理念。他说:"这几年来,我的工作只是在封建势力的护城河上搭一座桥,希望大家能迅速地、安全地从这桥上走过而到达真正艺术的田园里……我又何尝不想避免一班人的轻视和谩骂,早早地独自跳到河的对岸,追随许多音乐家之后,那时或能成功几个所谓名贵的作品,可是这样一来,我们越走越远,越要离开这大多数不愿意改变他们的脾胃、而且目前只配有购买一把胡琴或一支笛子能力的农工群众了。"黎锦晖认为,歌舞是最大众化的艺术,其本质不是供特殊阶级享乐的,只有通俗才能普及。由此不难看出,明月社旨在为普及歌舞艺术搭建桥梁,为普通民众服务。

黎锦晖还前往南开大学拜会了张伯苓,宾主就儿童文艺、小学实验教育等话题相谈甚欢。黎锦晖特别在 10 月 30 日的早场推出优待学生的廉价票,意在使更多的天津少年得到熏陶。

明月社在津演出大获成功,黎锦晖夫妇在 10 月 31 日晚间约请 20 多位好友在法租界圣路易十二路(今营口道)——当时天津最知名的大华西餐饭店举办庆祝晚宴。席间,众多演员欢唱不已,徐来也再次献歌,而且是休息了几分钟后又唱了一曲。大家把酒畅叙,热闹至极,直到夜半时分才依依不舍地散去。

这段时间,天津的媒体特别是《北洋画报》对明月社给予了高度关注,《北洋画报》还特别邀请王人美、黎莉莉、王润琴、胡笳等明星到编辑部参观。几位美女到春和戏院对面的仙宫理发店美发也成为报纸上的花边新闻。与此同时,为明月社提供舞台、为天津观众带来欢乐的春和戏院接连在报纸上刊发广告,着力宣传。

明月社的大部分演员是 11 月 2 日乘早班火车回北平的。徐来、王人美、黎莉莉、王润琴、胡笳等在津又逗留几天,于 11 月 5 日返京,恰与刚刚在天津参加赈灾义演结束回京的梅兰芳同车。临行前,王人美等四位明星专程前往北洋画报社告辞,并在报社门前合影留念。黎锦晖因未尽事宜仍留在天津。

天津是块福地,黎锦晖在津还结识了响名一时的演员严华,并收于麾下。严华以精湛的演技很快成为明月社的台柱子,一曲脍炙人口的《桃花江》,也让他享有了"桃花太子"的美誉。严华后来与周璇结为夫妻。

1931 年以来,明月歌剧社相继易名联华影业公司音乐歌舞班、明月歌舞剧社等,培养演艺人才,录制唱片,对传播新式歌舞艺术起到了积极作用,黎派音乐也风靡海内外。

徐来：被粉丝"环请"

1930年10月末,音乐家黎锦晖率上海明月歌剧社来津演出,黎锦晖的夫人徐来随行。当年的徐来是红遍十里洋场的大明星。徐来与演员们下榻在天津日租界寿街(今兴安路)北洋饭店。

徐　来

徐来于1929年底嫁给黎锦晖之后,甘愿做贤妻良母,已无意演出,这对天津观众不能不说是件憾事。缘此,黎氏夫妇的十多位在津好友联合来到饭店拜访、请愿,恳请徐来演唱著名的《桃花江》以飨观众,但徐来说非黎锦晖伴奏不唱。在徐来迟迟不肯的情况下,大家手拉手围成一圈,将徐来困在圈中,来了个"环请主义",她不答应便不得而出。最终,徐来被盛情打动,应允演唱经典的《毛毛雨》,众人欢声雷动。如此"环请"也被当时的天津文人幽默戏称为"求雨"。旋即,10月30日的《北洋画报》在头版报头下刊发了徐来的大幅明星照,并以"今晚在春和表演《毛毛雨》之标准美人"来标榜宣传。黎夫人的献唱当然引来春和戏院的空前爆满,一时间传为佳话。

无巧不成书,一直苦苦追求徐来的唐生明当时也在天津。唐生明时任国民党军第四集团军第八军副军长、代理军长,声名显赫。唐生明一心想见到梦中情人,于是来到北洋饭店,借口邀女演员们外出游玩。当唐生明见到徐来时,发现她成熟端庄了许多,心中更产生了一种别样的感觉……天津一晤让唐生明愈发爱上了徐来,于是决心要得到她。后来的 1935 年,已身在上海明星影片公司的徐来,退出演艺界并与黎锦晖分手,终于嫁给了唐生明。

赵一荻:因舞结缘张学良

赵一荻原籍浙江兰溪,1912 年 5 月出生于香港,因在家中女孩中排行老四,所以被称为赵四小姐。她的父亲赵庆华北洋时期曾任津浦、沪宁、广九等铁路局局长及交通部次长等职,她自少年时期便有机会往来于京津沪等地。

赵四小姐

赵一荻在天津求学,相继就读于天津浙江小学、中西女子中学。身处名门显贵子弟云集的学校里,她并没沉寂于一般佳丽的桃红柳绿之中,而是刻苦学习,成绩常常名列前茅,尤其对新文学作品情有独钟。一荻虽算不得倾国倾城的美女,但性情温和,体态婀娜,爱好广泛,骑马、打网球、游泳、开车、跳舞等样样喜好,气质与风度俱佳,备受各界关注。缘此,赵四小姐十四五岁的玉照,就已登载在天津《北洋画报》的头版上。

赵四小姐与张学良的爱情故事发生在 1927 年。关于二人相遇的逸闻,坊间素有多样传说。有人说,二人在蔡绍基(清末民初曾任天津海关道台、北洋大学总办)公馆的舞会上相遇;有人记得他们相识在张学良的少帅府(今赤峰道)中;另有人回忆说,二人是在大华饭店的舞厅里牵手的。无论哪种说法,都指向了他们因舞而结缘。

1929 年 9 月的一天,在赵一荻六哥的暗中帮助下,赵四小姐只给家里留了一张字条便不辞而别,一个人前往奉天(沈阳)投奔张学良去了。赵四小姐为爱痴狂的消息迅即传遍津城。后来,张学良夫人于凤至也被赵四小姐的一片真情所感动, 主张在少帅府东侧兴建小楼让赵四小姐居住,两人以姐妹相称,和睦相处。

袁迪新：与外公段祺瑞的旧时光

袁迪新是段祺瑞的三女儿段式巽（段三小姐）的独生女，她的父亲是袁家鼐，她的曾祖父是袁世辅，袁世辅在家中排行老五，是袁世凯的弟弟。1922 年，袁迪新出生于袁氏河南老家，因为农历七月出生，袁家更喜欢称迪新"织姑"之名——牛郎织女的"织"，姑娘的"姑"。

袁家、段家结为秦晋，故事颇多。袁迪新 6 岁的时候，曾祖袁世辅过世了，她便随父母来到天津生活。段三小姐乃段家的掌上明珠，早已习惯了大城市繁华安乐的生活，因此有机会就往娘家来。

袁迪新晚年回忆，当时她们一家住在"日租界须磨街"（今陕西路）上的一处宅邸，房子是段祺瑞的属下魏师长让给段家的。院落宽敞，前楼稍大，后楼稍小，中间还有一个大厨房，另有侧楼、球场、花园等，这一切让童年的迪新感到很惬意。

爱屋及乌，段祺瑞疼爱三女儿，自然更宠爱貌美、乖巧的外孙女小迪新，特意把她们一家安排在前楼一起居住，袁迪新也过着"什么都吃过，什么都见过"的大小姐生活。眼见小迪新到了读书的年龄，段祺瑞专门请来女教师。袁迪新是不缺零花钱的，但每当她获得好成绩，段祺瑞总是拿出一两块大洋（银元）奖励她，小迪新总希望姥爷给她崭新的大洋。袁迪新还经常得到段祺瑞给买的漂亮鞋子，可往往是按大中小号同式样"一套"送来，有时，小迪新不免抱怨别人的鞋子花样多，而自己的常是一个样，不时髦，于是便撒娇向姥爷要最新款的。

段祺瑞与天津渊源颇深，他虽不是天津人，但在他一生的起起落落中曾几次退居天津，以这里为大后方、安乐窝。1926 年"三一八惨案"后,段祺瑞通电下野,于4月20日再次寓居于天津,住在日租界宫岛街(今鞍山道)段公馆。对于这段生活,袁迪新曾对媒体讲述:"每天早上起来,外公头件事便是念经诵佛,待吃过早饭,他的老部下王揖唐便过来,帮他整理编选历年来的诗文,准备刊印一部《正道居集》。午睡之后,外公照例是下围棋,晚上打麻将。"

　　1933年初,蒋介石请段祺瑞"南下颐养",袁迪新一家与众多族人一起都随之迁居上海,她也成为上海震旦女子文理学院的学生。新中国成立后,袁迪新一直从事教育工作。

梅兰芳：多次献艺津门

20世纪20年代，京剧大师梅兰芳陆续编创新腔，并增加二胡等乐器伴奏，把京剧旦角的声乐艺术提高到更新的水平。在天津，梅派京剧票友、戏迷如云，商人们更是利用这千金难求的名人效应来大做广告，推销商品。比如1928年2月，天津中原公司大剧场以梅兰芳大幅剧照在《北洋画报》刊发半版广告，引起一时轰动。其间，梅兰芳在这里演出了《红线盗盒》与《虹霓关》等。一连数日，人们为一睹梅兰芳的风采，纷纷来到中原公司，由此带动了生意的红火。

月份牌广告画上由梅兰芳扮演的黛玉

同年2月初，梅兰芳在春和戏院上演了他当时新编的剧目《俊袭人》《太真外传》《上元夫人》等，轰动津门。其实这次演出原定在1928年元旦春和戏院开幕之时，但梅兰芳因感冒影响了嗓音，梅兰芳生怕有负观众厚爱，所以临时改期。

当时天津马场道上有一家西湖别墅，号称中国人在华北自办的唯一的西式大饭店，开业后生意兴隆，各界名流纷至沓来。1929年12月28日，梅兰芳演出途中路过天津，下榻在西湖别墅。当晚，《天津商报》在这里隆重设宴为梅兰芳接风。次日，旅津美国大学同学会也在此设宴欢迎梅兰芳，当时的新闻报道称，梅兰芳对西湖别墅"极端赞美"。

再说 1930 年春,梅兰芳率团赴美,在纽约、芝加哥、旧金山、洛杉矶等地表演京剧,获得巨大成功。在此期间,他被美国波莫纳大学和南加利福尼亚大学授予文学博士学位。回国途经天津时来大华饭店清唱,当时到场名流颇多,宾主相谈甚欢。1930 年 11 月初,梅兰芳、杨小楼来津参加赈灾义演,天津有关方面在大华饭店为二人举办了隆重的欢迎宴会。

老商标画上的梅兰芳

1952 年冬,梅兰芳应邀来津参加第二工人文化宫开幕庆典,演出之余还慕名到周家食堂品尝了清蒸鱼,食罢连连叫绝。后来,梅兰芳还专门在报纸上发表文章,赞誉津菜特别是周家鱼不同凡响的风味,一时传为美谈。

关于周家鱼,要说到周家食堂。其创始人周衡早年留学日本,后来成为一名律师。天津解放后的 1949 年初,周衡腾出自家的住房开办了食堂。周妻原本就精通烹饪,又聘请了几位名师主灶,以福建、江苏、浙江风味为主打的菜品很快赢得了顾客。周家鱼实为清蒸鱼,上锅蒸鱼之前要在鱼盘上盖上棉纸,以最大限度地保持菜品的滋味与香气,上桌时附带蘸食的作料,这蘸料便是周家鱼高人一筹的特点之一,它选用的是名贵的红钟牌酱油,蘸料吃鱼,味似蟹肉鲜香。另外,周家鱼的辅料如火腿丁、脂油丁、冬菇、海米、玉兰片等,虽然用量不大,但也力求名品,确保口味纯正。

黄裳：在老天津淘旧书

著名散文家、藏书家黄裳出生于 1919 年，10 岁左右就在天津小住过两次，因为他的叔父时居河北关上(河北大街与南运河交汇处)。1935 年前后，黄裳就读于南开中学，此后陆续在天津生活了近 10 年。

黄裳视天津为第二故乡，他的藏书生涯正是从劝业场、天祥市场开始的。黄裳入手的第一本旧书是在劝业场书肆花 3 元大洋购买的清光绪年间的七册(残本)《四印斋所刻词》。

在南开中学读书时，黄裳就喜欢上了新文学作品。周末，他常常到法租界劝业场一带游玩，偶尔看电影、看戏之外，大部分时间都流连在劝业场和天祥市场的旧书店、旧书摊之间，或闲读或淘书，不亦乐乎。20 世纪 30 年代，国内收集新文学史料的风气还较淡薄，但少年黄裳却有着前瞻的目光，他的藏书活动就是从收集和阅读新文学书籍的原刊初版本开始

黄裳经常去天祥大市场淘书

的。对此，黄裳在近年出版的回忆录中专门谈过。

黄裳喜欢梨栈一带的风光与人文，他认为，劝业场、天祥市场是非常可爱的地方，相比天祥市场，劝业场更新、更先进，也更洋化，甚至连旧书摊也不例外，"五四"以后出版的新文学著作只有这里最多。在劝业场，黄裳只要见到鲁迅、冰心、周作人、朱自清、郁达夫等人的

文集就积极购藏,像初版本、精选本、签名本尤其是他所青睐。其中,鲁迅所著的《朝花夕拾》初版毛边本,给了黄裳难以忘怀的印象。劝业场的旧书让黄裳的文学视野不断开阔,藏书档次也不断提升,后来再遇到初版的或品相更佳的书,他就贴上一点钱用旧存的书换回新书,有时同样的一本要调换几次才如愿以偿。

当然,劝业场的旧书市也有让少年黄裳"望而却步"的地方。那里有几家北京著名书店的分号,窗明几净,珍本万卷。据黄裳回忆,他曾壮着胆子闯进去过一两次,所见光绪年兰雪堂刊本《桃花扇》,纸墨明净,镌刻工雅,但价格高得令他望而却步。依宋元本原样精刻的《宋人词集》装帧豪华,用纸考究,他也只能望梅止渴。

黄裳自年少即爱书如命。他购藏的大量新文学著作、杂志等藏书,均被他放在两三个皮箱里,暂存于南开中学的宿舍中。1937年卢沟桥事变爆发,7月28日、29日,日军野蛮轰炸南开中学、南开大学,黄裳所藏之书随之化为灰烬……

1950年元旦,在阔别13年后,黄裳再次来到天津,南开中学、劝业场等地让他既熟悉又陌生。1月2日,黄裳到劝业场故地重游,到解放北路起士林餐厅品尝西式蛋糕,回味之余记下了文字:"到天祥市场遛旧书摊,看了几种明抄善本,这些从前只能望望然,现在则可以进而购取了,似乎是一种'进步'。而新文学的旧本却极少,只在书摊上得此"未名丛刊"初版本《小约翰》,尚可满意。"

黄裳对天津记忆深刻,他在1979年12月23日写给著名藏书家、编辑家姜德明的信中,又深情地谈及少年时在天津的时光。他说特别值得怀念的是劝业场,"想当年,袋里有十块八块就是'财主'了,搞一套'五四'以来初版毛边的新文学书真是不费吹灰之力"。姜德明后来在《书信的故事》中也提及:黄裳每次北来似乎都顺便到天津看看,并感到一种满足。"当然,也讲起他在劝业场天华景看戏,在天祥商场买旧书的悠悠往事……同时也唤起我当年读中学时,下午常常旷课去天华景看戏,往天祥逛旧书摊的回忆。我为黄裳兄时常念及天津而感到欣慰。"

马三立:细说早年广播往事

相声大师马三立擅演"贯口"和文哏段子,在不断的艺术实践中潜心探索,创立了独具特色的"马派相声"。

1939年天津特大水灾稍退后,马三立怀着无尽的乡思从济南返回天津,此时已名响八面的他,不断往来于宝和轩(北门外)、燕乐升平(南市)等茶社、戏园演出。大约在1939年底、1940年初,马三立的好友、北平相声名家戴少甫来天津燕乐升平演出,很快走红。因种种原因,戴少甫欲与马三立换班,请马三立替他到北平电台去说相声。自幼与人为善的马三立爽快应允。

马三立(摄于1979年)

当时,广播电台初创的文娱节目以曲艺为主,在脍炙人口的节目中插播各类商业广告,是较为流行的营业手段,多由演员或播音员口头直播。

笔者在2001年11月曾采访过马三立,得知马三立初到北平为戴少甫补场的电台,是位于长安街附近的当时的中央台。马老说,戴少甫在到天津之前已与电台签了合同,演播费由他拿去了,我与刘宝瑞搭档,每天替他说一段,十几分钟到三十分钟,中间插播广告,当年也叫广告相声。

传统马派相声讲究铺平垫稳,中间插播广告的巧妙亦在于此,天衣无缝,绝无生硬之嫌。即使为广告商品扯出去几里地,也能把它拉回来,让听众在笑声中潜移默化地接受宣传。

此间,在天津红透半边天的戴少甫,因未能及时为袁文会演出《打白狼》,险些丧命,无奈之下回到北平。闻此,马三立二话没说便将电台的位置重新让给戴少甫。这正是马三立为人的善良与厚道。"戴少甫的玩意儿好,我和他是好朋友。当时我去北京前他说回来请客吃饭,我说甭提钱,我补那场就是了。"马老至今记忆犹新。马三立约一个月后返回天津。

20世纪30年代,天津商业繁荣。位于法租界梨栈的仁昌百货绸缎庄,非常注重自身的广告宣传,后在其楼上开设了津门首家商业广播电台——仁昌广播电台(当时的周波率为1240K.C.呼号为XHTG)。随着业务的发展,名家的曲艺节目中也多为其他商户代播广告。

1945年8月,抗日战争胜利后,马三立退出兄弟曲艺剧团,与侯一尘、耿宝林一逗一捧,在仁昌台为很多药店、饭店、绸缎庄播报广告。多年后,马老还能记得敦庆隆绸缎庄、华竹绸缎庄、精益眼镜公司的广告内容。

刘连群著《马三立别传》中记录了马三立当年说《文章会》时夹报敦庆隆广告的段子:

甲:我写的那文章,我们校长和康圣人看了,拍案叫绝,连声喝彩!

乙:了不起。您带来了吗?

甲:干什么?

乙:让我们见识见识,长点儿学问哪。

甲:你想看,认识字吗?看得懂吗?我写的文章可不是小人书、看图识字的小画片,一般人看不懂,我们校长和康圣人……

乙:行了,我也上过学。

甲:噢,那行。可现在没带着,在手笼里哪。

乙：您又不是妇女，也戴手笼？

甲：人家送的，不好意思不戴。我那个手笼可不一般，是貂绒的，皮料讲究，做工精细，式样美观，最适于太太、小姐使用，在敦庆隆买的……

接下来，敦庆隆的商品被悉数介绍，乃至哪层哪个柜台卖什么也一清二楚，细心的听众又可领悟到马派相声的"铺垫"之功。

此时，马三立的"粉丝"已遍布津城，收听率自然高居不下，不少商家也在马三立的节目中做广告。有人更是利用名人效应，提前在报纸等其他媒体大肆宣传，诸如某某时间请收听仁昌台播放的马三立某段相声等，却很少直白自家商品广告。马三立成了仁昌电台的台柱子。马老在接受采访时说，最初的一段广告中有二三家广告，后不断增加，最多时每天在仁昌台40多分钟的"一段活"中插播十余条广告，有时为了广告不得不延长节目时间。除了老商户的广告外，仁昌每天现将一纸新广告词给到马三立手中，由于各处奔波赶场，熟悉词儿的时间不多，完全要靠日积月累的心领神会与嘴皮子功夫。

在名角如流的仁昌电台，马三立是当年承播广告最多的演员之一。在采访中谈及当年的演播费，马老显出固有的淡然与平和。当

2001 年 11 月马三立接受记者采访

时,每插播一家广告,仁昌每月付马三立 5 元钱,播得越多挣得越多,但仁昌不免有少付的现象。马三立每日各处赶演,也不大为此计较。当时天津的广告业已比较发达,商家广告多由专门的广告社代理至电台,仁昌收取多少费用演员无从知晓,"大忙忙的哪有闲空打听这个"。除仁昌电台之外,马三立先生还在天津中行、华声等电台播过广告相声。

1948 年,应北京凤凰厅茶社和华声电台的约请,马三立与侯一尘一起去了北京。按马老的话说,第一次到北京是替戴少甫补场,自己挣钱是在华声台,先是广播单口、笑话,后来与东北的张庆森搭档。马老记得华声台的地址在东城椿树胡同(小椿树胡同,20 世纪 60 年代更名春松胡同)。马三立受到华声台和金学瀛的礼遇。金学瀛是北京天兴号的经理,经销儿科良药"金刚婴儿片"。或许金学瀛仰慕马三立的德与艺,天兴号索性包下了华声台马三立相声中的广告时段,为金刚婴儿片大肆宣传。据马老介绍,当时的段子是两月一翻新,60 天一改活,每天一段,都是这药的广告。

时价两毛钱一包(服)的金刚婴儿片,随着马三立《开粥厂》《夸住宅》等一段段让人着迷的"冷幽默"而卖火了,相声迷昵称"马善人"简直成推销员了。

天 津 旧 事 丛 书

天津老教堂	于学蕴　刘　琳编著		2005 年	25.00 元
天津老戏园	周利成　周雅男编著		2005 年	30.00 元
外国人在旧天津	周利成　王勇则编著		2007 年	32.00 元
旧天津的新生	周利成　王向峰编著		2009 年	28.00 元
老天津的风俗		由国庆著	2010 年	28.00 元
旧天津的大案		周利成著	2010 年	30.00 元
天津卫美食		由国庆著	2011 年	35.00 元
天津老俗话		章用秀著	2011 年	32.00 元
老天津善人善事		章用秀著	2012 年	32.00 元
天津天后宫		董季群著	2012 年	45.00 元
天津地名故事	谭汝为　刘利祥编著		2012 年	45.00 元
老天津运河故事		天津市档案馆编	2014 年	48.00 元
老天津文物与收藏		卢永琇著	2017 年	68.00 元
天津老游戏		由国庆著	2017 年	78.00 元
老天津风尚志		周利成著	2018 年	88.00 元
老天津名人轶事		由国庆著	2023 年	78.00 元